生产网络与区域创新论丛
丛书主编　曾刚

本地知识基础对新兴产业技术创新的影响研究

——以中国燃料电池产业为例

THE IMPACT OF LOCAL KNOWLEDGE BASE ON TECHNOLOGICAL INNOVATION OF EMERGING INDUSTRIES

—A CASE STUDY OF CHINA'S FUEL CELL INDUSTRY

宓泽锋　著

中国财经出版传媒集团
中国财政经济出版社

图书在版编目（CIP）数据

本地知识基础对新兴产业技术创新的影响研究：以中国燃料电池产业为例 / 宓泽锋著. -- 北京：中国财政经济出版社，2022. 6

（生产网络与区域创新论丛）

ISBN 978 - 7 - 5223 - 1467 - 9

Ⅰ. ①本… Ⅱ. ①宓… Ⅲ. ①科学知识－影响－燃料电池－电气工业－技术革新－研究－中国 Ⅳ. ①F426. 61

中国版本图书馆 CIP 数据核字（2022）第 099622 号

责任编辑：郁东敏　　责任印制：刘春年

封面设计：孙俪铭　　责任校对：胡永立

本地知识基础对新兴产业技术创新的影响研究

BENDI ZHISHI JICHU DUI XINXING CHANYE JISHU CHUANGXIN DE YINGXIANG YANJIU

中国财政经济出版社 出版

URL：http：//www. cfeph. cn

E - mail：cfeph@ cfeph. cn

社址：北京市海淀区阜成路甲 28 号　邮政编码：100142

营销中心电话：010 - 88191522

天猫网店：中国财政经济出版社旗舰店

网址：https：//zgczjjcbs. tmall. com

北京财经印刷厂印刷　各地新华书店经销

成品尺寸：170mm×240mm　16 开　11. 5 印张　188 000 字

2022 年 6 月第 1 版　2022 年 6 月北京第 1 次印刷

定价：58. 00 元

ISBN 978 - 7 - 5223 - 1467 - 9

（图书出现印装问题，本社负责调换，电话：010 - 88190548）

本社质量投诉电话：010 - 88190744

打击盗版举报热线：010 - 88191661　QQ：2242791300

前　言

新兴产业一直是经济地理学界关注的重点领域。随着创新驱动发展战略的逐步落实和不断深化，技术创新成为关乎国家未来发展的核心领域之一。创新驱动发展战略旨在以科技创新为核心推动国家发展，新兴产业作为对国家长远发展具有重大带动作用的产业，其发展受到学界和政界的高度关注。而随着产业创新研究的兴起，知识基础被认为在知识吸收、转化、利用等方面对产业创新具有深刻影响，因此厘清知识基础对于新兴产业技术创新的影响，能够极大地加深对于产业创新规律的认识。

关于新兴产业与知识基础间的关系，经济地理学者已进行诸多讨论。“区位机会窗口”（Windows of Locational Opportunity）认为，新兴产业在技术上具有不连续性，对新的生产环境的要求具有不匹配性以及受偶然事件的影响明显，新兴产业的区位在空间上是“自由”的；而基于大量新产业从现有产业中衍生而出的现象，“区域产业分叉”（Regional Branching）理论则认为地方基础以及空间邻近会对新兴产业的形成具有显著的影响。两者显然对知识基础与新兴产业的关系提出了不同的见解。而“相关多样化”假说认为相关多样化是知识溢出与创新重组的重要基础，相关多样化能够有效地促进技术创新并推动区域发展，而非相关多样化能够增强区域抵抗外部风险的能力，但对技术创新的影响不明显。可见，“相关多样化”假说进一步从相关和非相关角度解读地方基础与产业创新的关系。基于经济地理学界的理论探讨，本书试图结合技术创新的不同环节、知识基础的多样性来展开新兴产业技术创新与知识基础的关系研究。

因此，本研究有助于深入解析知识基础对于新兴产业技术创新的影响机理。

本书以燃料电池技术为例，探讨本地知识基础对燃料电池技术的影响，聚焦技术创新的两大环节——技术知识生产和技术知识扩散环节，尝试从空间格局刻画、特征分析、回归分析等方面揭示本地知识基础对新技术创新影响的规律和机理。本书分为绪论、文献及理论回归、本地知识基础对燃料电池技术创新影响的实证分析、研究结论及政策建议4部分，共7个章节。

第一部分为研究背景与意义，包括第一章。该部分内容主要包含研究本地知识基础对燃料电池技术创新影响的理论意义和现实意义，以理清研究思路，并对本书中的核心概念进行清晰界定，为下文做铺垫。

第二部分为文献与理论回顾，包括第二章和第三章。第二章主要为本地知识基础与创新关系的相关文献评述，运用 Citespace 等文献分析工具客观分析学术脉络中知识与创新关键词的演化，并分析当前的研究热点。第二章还进一步梳理当前的学术前沿领域，分析研究内容与学术前沿之间的关系，从而为本书研究理清突破口。第三章重点对本书涉及的重要理论进行详细的介绍与分析，并进行总结归纳。区域产业分叉、区位机会窗口、知识基础观、“相关多样性”假说、协同创新理论、区域创新系统、生命周期理论、路径依赖与路径创新等理论构成了本书的理论基础。基于对相关理论的分析，第三章进一步提出本书的分析框架，讨论本地知识基础与技术创新之间的关系及其机理构成了本研究的主线，进而对背后的理论问题进行分析和解释。

第三部分为本地知识基础对中国燃料电池技术创新影响的实证分析，包括第四、第五、第六章。第四章主要描绘中国燃料电池技术和本地知识基础的技术特征、空间表现，从演化视角分阶段论述。围绕本地知识基础对燃料电池技术创新的影响研究，第五章分别从燃料电池技术创新的两个主要环节——技术知识生产和技术知识扩散入手进行分析，通过空间自回归等定量方法，分析各阶段不同知识基础类型在两个技术创新环节中的表现。第六章为机理分析，通过结合典型城市表现以及数据佐证等方法，总结归纳本地知识基础对燃料电池技术创新的影响机理。

第四部分为研究结论与政策建议，即第七章。第七章总结了本书的主要发现并形成结论，据此提出相应的政策建议。

本书受国家自然科学基金（项目编号：42001118、42130510）、浙江省社科联年度课题（项目编号：2022N14）、浙江工业大学校基本科研业务费项目（项目编号：GB202103002）等课题的联合资助。

感谢我的导师华东师范大学城市发展研究院院长、中国现代城市研究中心主任曾刚教授，曾刚教授在本书写作过程中给予我全方面的指导与帮助，并为本书出版提供了巨大帮助。在曾刚教授帮助下，我前往上海张江高科技园区撰写园区志，并入住园区人才公寓数月，极大地加深了对产业创新的认识和理解；还有幸同曾刚教授、德国汉诺威大学 Ingo Liefner 教授和 Anna - Barbara Heindl 博士一同前往昆明、贵阳、重庆和武汉等中西部城市开展企业创新相关的访谈与调研，搜集了大量一手资料，为本书的撰写奠定了重要基础。最后还要感谢我的同门尚勇敏、曹贤忠、朱贻文、马双、王秋玉、周灿、叶琴、叶雷、胡森林、陈斐然、葛世帅和郝均等人为本书写作提供的帮助与支持。

受我的学术能力及数据可得性等多方面限制，本书尚有诸多不完善之处，希望以此抛砖引玉，可以为更多学者开展知识基础与技术创新研究提供思考。对于本书中的疏漏之处，敬请读者批评指正。

宓泽锋

2022 年 6 月于浙江工业大学

目　　录

第一章

研究背景与意义

在创新驱动发展时代，国家和地区间的竞争本质上是科技创新的竞争。作为科技创新的重要载体和重要组织形式，新兴产业一直是大国竞争的关键领域。在科技创新领域，发达国家牢牢占据尖端技术的优势地位，我国的创新发展仍需砥砺前行。在知识经济时代，知识基础对新兴产业技术创新而言具有特殊意义，经济地理学者的以往研究显示出知识基础对技术创新具有多重影响：一方面，我国的产业发展有赖于相关科学规律的发现；另一方面，学科不同理论对两者间的关联尚持不同观点，相关研究亟待展开。因此，基于演化视角重新解析不同类型知识基础与不同技术创新环节间的复杂联系，成为厘清两者间联系的重要研究方向。基于此，本章最后一节对书中涉及的核心概念进行清晰界定，为下文展开具体研究进行铺垫。

第一节 现实背景

一、知识经济时代下技术创新已成为全球竞争的核心

随着信息技术的快速发展，知识获取的成本降低、速度增快，新技术在全球范围内快速发展，知识经济时代的特征逐渐显现。在知识经济时代，科技和人才等要素的流动变得频繁，技术创新的地位日益提升，知识成为经济发展的核心基础。根据方创琳等（2014）的研究，创新驱动是继资源驱动、资金驱动后的高级驱动形式，创新驱动过程中，科技、知识等要素成为推动发展的核心要素。近40年来，中国在全球价值链中的地位得到显著提升（赵伟，2019），

而这其中技术创新对价值提升的作用巨大（李勤昌，2019）。同时，中国对创新的重视程度日益加深，党的十九大报告明确指出科技是第一生产力、创新是引领发展的第一动力，充分体现了当下技术创新对国家发展的突出意义。

2016 年 5 月，中共中央、国务院发布了《国家创新驱动发展战略》，其中不仅强调了创新是引领发展的重要动力，同时还指出了创新驱动是世界大势，也是发展形势所迫。一方面，全球的科技革命和产业变革速度不断加快，各国的联系不断加深，国家间的竞争也日趋激烈。在世界竞争格局的重塑背景下，创新成为国家提升竞争力的核心所在（韦三水，2012），也是保障国家能够在时代背景下把握发展机遇的根基所在。另一方面，我国改革开放以来总体粗放的发展方式给生态环境带来的巨大破坏，这种不可持续性倒逼国家进行绿色转型发展，而这其中，技术创新发挥着关键的作用（岳鸿飞等，2017）。由此可知，在知识经济时代，技术创新已成为影响全球竞争格局、关乎国家命运的重要因素。

二、创新驱动背景下城市推动技术创新中存在不科学之处

城市已经成为全球竞争的核心单元，资源高度集聚于城市是当前经济发展的基本态势。城市在创新竞争中肩负着重要的国家使命，如果城市或者城市群能够在全球竞争中取得领先优势，就能够吸引更多的优势创新资源来推动自身的进一步发展，从而为城市在创新竞争中占据优势，提升国家竞争力（杜德斌，2015；段德忠，2018）。在此背景下，城市极为重视技术创新发展，北京、上海、深圳等城市明确提出要建设成为全国乃至全球有重要影响力的创新型城市；重庆、杭州、成都、武汉等城市同样提出了各自的科技促进计划，将技术创新作为未来城市发展的核心动力所在。同时，我国的技术创新发展速度极快。据世界知识产权组织公布的数据，2005—2015 年，中国申请的专利数量从约 17 万项激增至约 110 万项，年均增长速度高达 20.34%。2005 年，中国是全球专利申请数量的第三大国，而至 2015 年，中国占据专利申请数量全球第一的位置已长达 5 年。同时，中国的专利授权数量也超越美国，成为世界第一大专利授权国，2015 年数量达到了约 36 万项。我国在技术创新发展上取得的成绩显而易见（吴建南、赵志华，2018）。

在取得了令人瞩目成绩的同时，城市在推动技术创新过程中也暴露出诸多

不科学、不合理之处。国家战略着力于推进新兴技术、产业的发展，而各地政府的过多干预已经造成诸多乱象。部分城市对新技术发展的内在规律认识不足，为提升在位政策制定者的“政绩”，往往忽略新产业、新技术发展所依赖的知识基础，城市的盲目跟风现象造成了其产业、技术培养计划广而全，造成了资源上的浪费和城市间的不良竞争，最终导致城市的新产业、新技术难以实现高水平发展（吴宇晖、付淳宇，2014）。同时，高新技术的发展有其科学规律，也存在一定不确定性，政府应当在创新环境、制度的营造上为新产业、新技术的发展提供更多基础支撑，而非盲目筛选产业技术的发展方向（刘秀莲、万军，2011）。

当前，知识基础对技术创新具有重要作用已受到广泛认可，但其作用机理尚有待深入研究。因此理清新技术发展所依赖的知识基础对引导城市科学合理的发展新技术创新具有重要意义。

三、绿色发展背景下中国新能源技术亟待突破

工业革命以来，全球排放了大量温室气体与废弃物，温室效应日益明显、环境破坏愈加严重，对自然生态环境的平衡造成了巨大威胁，近百年来这一问题更加突出（康小义、白茂楠，2014）。为应对国内环境恶化和全球性环境问题，发达国家大力支持新能源产业发展，如美国颁布了《能源政策法》《清洁能源与安全法案》，日本颁布了《可替换能源法》《促进新能源利用特别措施法》《新国家能源战略》，欧盟颁布了《燃料质量指令》《欧盟第三次能源改革方案》等一系列法案，来支持新能源产业发展，主要涉及节能、提效、能源安全、绿色创新、环境保护等领域。中国同样意识到新能源发展的重要性，并发布了系列政策支持新能源产业发展。中国是能源消耗大国，根据《BP 世界能源统计年鉴（2017 年）》的数据，中国是世界上最大的能源消费国，占全球能源消费量的 23%，其中中国的煤炭消费占中国总能源消费的 62%。大量的能源消耗加上长期相对粗放的经济发展模式，给环境带来了巨大压力，使中国发展低碳经济变得极为迫切。

发展低碳经济是应对气候变化的重要举措，而新能源是低碳经济的主要内容（黄栋，2009）。2016 年 11 月，国务院印发的《“十三五”国家战略性新兴产业发展规划》提出要进一步壮大战略性新兴产业，新能源产业、新能源汽

车产业、节能环保产业均位列战略性新兴产业行列。2016年12月，国家发展改革委员会、国家能源局发布《能源发展“十三五”规划》，指出中国当前能源利用存在传统能源产能结构性过剩、能源清洁替代任务艰巨等问题，并提出将“清洁低碳、绿色发展”作为基本原则之一，把发展清洁低碳能源作为调整能源结构的主攻方向。

燃料电池是中国新能源技术发展的重要方向。燃料电池以氢为主要的燃料，具有充能快、续航长、清洁环保、能量转换效率高、可靠性高等诸多优势，不仅在军工上具有重要应用，未来的发展潜力同样巨大。日、美等发达国家极为重视燃料电池技术的发展，2017年日本政府发布了“氢能源基本战略”，提出要在2050年建成氢能社会（尚勇、赵世佳，2018）。中国科学技术部前部长、中国科学技术协会主席万钢在《人民日报》发文表示，纯电动汽车存在续航里程、充电时间的短板，尚不能满足量大面广的远程公交、双班出租、城市物流、长途运输等市场需求，为此应及时把产业化重点向燃料电池汽车拓展（万钢，2018）。同时，国家发展改革委员会也将“燃料电池系统及其核心零部件”正式列入《战略性新兴产业重点产品和服务指导目录（2016版）》当中。

当前，美国、日本、德国等发达国家在燃料电池市场居于领先地位，日本在燃料电池的各方面技术发展中均有优势，技术发展较为全面，在质子交换膜燃料电池、固体燃料电池、直接甲醛燃料电池等方面均具有较强的技术实力；美国聚焦于氢能燃料电池发展方向，将之视为与国家发展相联系的重要技术；德国重点关注燃料电堆燃料制备与储存，相对关注固体氧化物燃料电池技术（乔婧、高子涵，2015）。然而，研究表明中国绿色创新水平较低、自主创新能力较差（刘雯、徐嘉祺，2018），核心技术落后于国际先进水平且严重依赖海外（罗来军等，2015），我国燃料电池技术的发展形势严峻。此外，发达国家在中国申请了大量的同族专利和保护性专利。笔者从上海市知识产权（专利）公共服务平台下载了1985—2016年中国燃料电池领域的所有发明专利共计18484条，其中第一申请单位位于中国的发明专利为9469条，仅占51.23%；而占比高达48.77%的发明专利为外国单位申请的专利，其中日本申请的发明专利超过了20%，美国申请的发明专利超过了10%（见图1-1）。可见，在燃料电池技术发展中，中国不但技术上相对落后，还面临着发达国家在中国国内申请大量技术保护的严峻形势。

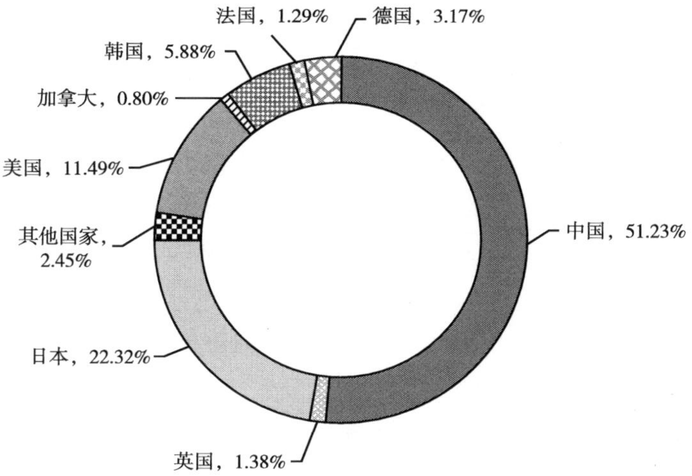

图 1－1　1985—2016 年各国在中国申请的燃料电池发明专利占比

数据来源：国家知识产权局（SIPO）专利信息服务平台、上海市知识产权公共服务平台。

第二节

理论背景

一、经济地理学对创新研究“地方作用”的再重视

当前全球联系日益密切，基于全球生产网络的研究相继出现，其建立起了国家与地区之间的相互联系网络，而跨国公司在网络中发挥着龙头作用（Coe et al.，2008；邹琳等，2018），并对创新研究起到了重要的推动作用。然而，全球生产网络在一定程度上弱化了对地方的关注，仅关注全球化作用对地方的指导意义是不全面的，因而学界对创新研究的尺度经历了从重视本地知识网络到重视外部知识源、再到综合看待全球—地方关系的转变过程（曹贤忠，2017；周灿、曾刚，2018），地方的作用被重新重视。

自 20 世纪 90 年代新经济地理学由克鲁格曼提出后（Krugman，1991），新经济地理学成为现代经济学和地理学中重要的分支。新经济地理学响应了回归地方的呼吁，从数学推演上寻到经济系统的内生因素（生产要素、知识创新、产业联系等）以及这些因素对经济活动空间差异的影响。以报酬递增和不完

全竞争为前提假设，新经济地理学很好地解释了集聚和路径依赖的作用（陈肖飞等，2015；郑长德，2013）。“区域创新系统”的提出同样强调了地区内部力量的重要性，Cooke（2002）认为地区内部的大学、政府、企业、中介服务机构等是一个相互联系的创新系统，这些创新主体间的相互联系有利于提升企业的创新效率。2018 年，保罗·罗默（Paul M. Romer）获得诺贝尔经济学奖，其主要贡献就在于建立了内生增长模型，他创新性地提出了自然资本、劳动、人力资本、知识创新等四要素增长理论，其中将知识作为资本放入经济和技术体系中更是重要亮点。而随着保罗·罗默获得诺贝尔奖，经济学界对于内生增长的兴趣也重新燃起（Romer，1986；段宏波、蔡宗武，2018）。无论对外部知识的吸收能力和效率有多高，内部知识的作用都是无法忽视的，而且对外部知识的吸收速度越快，对外部知识的依赖也就越深（Nonaka and Reinmöller，1998；牛盼强，2015）。本地知识积累、政府、知识搜索能力、创新环境等对创新影响的研究也一直受到学界的重视（杨菲，2018；吴金希、李宪振，2012；胡畔、于渤，2017；吕峰，2018）。由此可见，全球化具有重要意义，但现阶段重视技术创新的地方作用同样展现了重要的理论和现实意义。

二、演化经济地理学中对知识基础与新技术发展的关系存在争论

创新在空间上的表现一直是经济地理学研究的重点领域之一。对于新技术的创新而言，演化经济地理学中存在着本地知识基础对新技术创新作用的争论，特别是对于知识基础与新技术发展的技术关联性上，“区域产业分叉”（Regional Branching）和“区位机会窗口”（Windows of Locational Opportunity）理论提供了两种不同的理解。

演化经济地理学一直强调从区域已有的基础中分析技术、企业、产业等的逐步演化，并形成了一系列成果。而“区域产业分叉”是演化经济地理学中对新技术产生与本地基础关系理解的重要观点。“区域产业分叉”理论肯定了本地现有的产业、技术、知识基础等对新技术形成的影响。新技术可能会基于某个现有产业、技术体系而分化形成，也可能是某些行业和研究领域知识、技术的相互碰撞结合导致和促进一个新技术类别的形成和发展，这时候新技术的形成就与原有的地方基础之间存在着密切联系（Frenken and Boschma，2007）。首先，创新知识是推动创新的重要源泉，但知识溢出并不是在全球范围内平均

分布的，而是更容易在空间上接近的地区形成，众多关于知识溢出的研究支持了上述观点（毛琦梁、王菲，2018；刘承良等，2018；王庆喜、胡志学，2018；Braunerhjelm et al.，2018）。同时，一些本地行为也会推动当地的知识溢出，导致“区域产业分叉”的形成，如企业的多元化发展等（Cooke et al.，2011；Tanner，2014）。其次，特定领域知识的积极外部效应更可能扩散到同一领域的第三方中（Antonelli，2001），知识的共享、转移可能会受到两地之间的技术关联性的影响，技术关联性越强，越容易分享知识（Cooke et al.，2011）。一些学者认为新技术应当具备与当地相对密切的关联性，较高的关联性有助于由新技术推动的产业融入地区并促进地区发展（林学军，2012）。由此，“区域产业分叉”理论认为本地知识基础、距离上的邻近性等要素是支撑新技术形成的重要基础。

“区位机会窗口”则是演化经济地理学中解释新产业产生区位及后续演化的另一种重要观点（安虎森、季赛卫，2014）。与“区域产业分叉”强调本地基础对新技术产生的重要影响不同，“区位机会窗口”理论认为新技术的产生具有相对的“自由性”，这一观点可基于对激进式创新的特点分析而得出。激进式创新往往为新的产品和工艺奠定基础（Dosi，1982），激进式技术一定程度上偏离了原有的技术演化路径，并开创出新的技术演化路径（邹坦永，2017）。因此，激进式创新往往具有不连续性，被认为可能对现有的产业和企业格局产生冲击，并催生新的产业和企业（Tanner，2015）。激进技术的不连续性导致新兴产业的形成独立于现有的经济技术格局，使新兴产业在新的地区出现成为可能（Scott and Storper，1987）。由于新技术所依赖的环境与原有技术有较大不同，新技术所依赖的区位条件也会有不同，这就导致了新技术的发展相对于现有技术、产业、经济格局而言可能是“相对自由”的。随着对“区位机会窗口”理论的深化研究，学界发现理想状态下完全不依赖于现有技术的新技术基本是不可能的，因而新技术的发展自由仍有一定限制，且基本不可能在未经历工业化的地区出现（Boschma，1999）。但总体上，“区位机会窗口”理论强调了新技术的发展受本地基础的影响较小，新技术的发展机遇仍旧可能被相对落后的地区所把握。

“区位机会窗口”强调新技术产生在空间上的自由性，而“区域产业分叉”则强调了邻近性、与原有知识基础的相关性等要素对新技术的产生具有重要影响，显然演化经济地理学中关于知识基础对新技术的产生是否有显著影响存在争议。值得注意的是，新技术的创新是技术创新中的特殊类型，其发展过程带有明显的由“新”逐渐转“旧”的特征，因而关注不同阶段中新技术发展的表现具有重要意义。以往对新技术的发展多从企业成长、产业发展甚至是区域崛起的角度进行侧面论述，对于新技术本身的关注是相对欠缺的，本学科现有研究中关于地方知识基础对新技术发展的影响机理分析可能是片面的或有缺陷的。从技术关联角度讨论新技术创新在空间上的表现不仅能够回应“区域产业分叉”“区位机会窗口”的理论争鸣，同时也能够丰富经济地理学关于技术创新的研究。

燃料电池技术是重要的新兴技术（“燃料电池系统及其核心零部件”被国家发改委正式列入在《战略性新兴产业重点产品和服务指导目录（2016版）》当中）。Tanner（2015）在对欧洲的燃料电池技术进行研究时，指出现阶段燃料电池技术主要依靠激进式创新推动。因此，用燃料电池技术作为研究对象对知识基础与新技术创新的关系进行研究具有代表性。

三、经济地理学界对“相关多样性”与创新关系的热议

创新通常被认为是区域发展的关键因素，能够促进短期生产力增长，并在长期通过新产业创造就业增长。由于知识的创新过程通常需要利用当地的知识（Breschi and Lisson，2009），因此区域发展本质上是一个具有强大路径依赖性的内生过程（Rigby and Essletzbichler，2006）。

从产业层面的知识整合而言，一个地区产业部门的构成将影响地区技术变革的速度和方向（Ejermo，2005）。在这种情景下，相关的产业越多越容易形成知识溢出。从企业层面来说，Nooteboom（2000）强调公司的决策者认知能力是有限的，这限制了他们识别和利用现有知识基础或者潜在知识的能力。因此，多样性本身可能并不能直接支持创新。

此后，法兰肯（Frenken）等（2007）提出“相关多样性”的概念，认为相关多样性是现有的知识溢出行为以及创新重组的重要基础，相关多样性最终能够有效地刺激生产力和推动区域发展。法兰肯的“相关多样性”假说推动了大量关于相关多样性对技术创新、生产力增长和区域发展的研究（Boschma et al.，2012；Hartog et al.，2012），成为当前经济地理学领域的热点议题，并且相关实证结果也表明了相关多样性的确能够起到显著的积极作用。

法兰肯的“相关多样性”假说为研究知识基础与创新关系提供了重要的

视角。但在 Frenken 等（2007）提出的框架中，他明确提出了“相关多样性”与“无关多样性”的差别，并认为“无关多样性”能够增强区域抵御外部风险的能力，但并不会促进知识溢出，也不会显著促进创新。而 Dosi（1982）提出激进式创新往往来源于不相关的技术；并且从长远来看，全新的行业可以从激进式创新中脱颖而出（Saviotti and Frenken，2008）。新兴技术的发展往往是由激进式创新推动的，Dosi（1982）的观点从侧面说明了无关多样性可能对新技术的发展具有潜在的促进作用。因此，在对新兴技术与知识基础的关系讨论中，我们有必要重新审视“相关多样性”与“无关多样性”的作用。

以往经济地理学对“相关多样性”的研究多集中在产业领域，缺乏从技术层面上的直接证据。本书在对知识基础与技术创新的关系研究中，借鉴 Frenken 的思想，从技术相关性角度对技术知识进行了相关技术知识与无关技术知识的区分，并从动态视角来审视“相关多样性”与“无关多样性”对技术创新的作用。

四、区域尺度研究中对技术联系的探讨不足

创新一直是经济地理学重点研究领域之一，并且对区域尺度的创新活动进行分析是经济地理学者的擅长领域。而以往经济地理学者对创新问题的研究多集中于企业、产业层面，包括企业创新（孔月辉，2017）、产业集群（王缉慈，2010）、产业创新网络（宓泽锋、曾刚，2017）等经济地理学研究的关键词基本都是企业和产业，在对网络联系的研究中更是如此。邓羽、司月芳（2016）在对西方创新地理发展的研究综述中显示区位、集群、网络、演化等是创新地理研究脉络中重要的关键词，且在代表性核心文章中，技术创新是重要的研究内容，但主要通过产业、企业的载体来表现；周灿（2018）从集群层面进行了综述研究，论述了集群研究在经济地理学领域的“关系转向”和“演化转向”；而邹琳等（2018）对创新网络的研究综述同样显示，创新主体和产业是创新网络研究中的主要对象，并提出进行技术、个人层面上的讨论能够弥补现有研究的不足。国内外已有一些研究从专利引用角度进行了分析，但主要集中在对技术重要性的分析（Petruzzelli et al.，2015；Smilkov and Kocarev，2010；Boyack and Klavans，2010；魏红芹、周成，2018），总体上当前经济地理学领域利用专利引用关系来开展对技术关联的研究仍旧较少。

毋庸置疑，创新研究中企业、产业是重要的分析单元，技术创新更是创新的核心所在，以技术本身为研究对象具有必要性。客观上，以往专利引证、被引的数据较难获得，这对从技术关联层面开展研究形成了较大的限制。因此，以往对于创新联系的刻画多集中在上下游产业链联系（黄光灿等，2019）、合作申请专利（叶琴、曾刚，2018）、产业联盟（王静宇、刘颖琦，2017）等方面，而即便如较为细致的合作申请专利数据，也仅仅是以专利为桥梁刻画企业与企业之间的合作联系，并非关注技术之间的关联性。在现有经济地理学研究中，学者们利用合作申请数据所做的研究基本集中于企业、产业的合作网络分析（王秋玉等，2016；吕国庆等，2014），佐证了笔者的分析。以技术创新为关注对象，以技术间的关联性为重要分析单元之一，本书通过在国家知识产权局（SIPO）专利信息服务平台上检索每一项燃料电池发明专利的引证专利文献以及被引用情况，来刻画专利间的知识联系，专利引证和被引关系更加直接地反映了技术上的关联性，实现了对技术本身的聚焦。以此为重要的数据基础之一，本书研究希望能够从技术关联的角度丰富经济地理学对创新的研究，发现技术层面的创新特点。

第三节 研究意义

受新经济地理学、区域创新系统等理论的影响，本书关注技术创新中的地方作用。在知识经济时代下，基于“区域机会窗口”“区域产业分叉”理论的学术争鸣，地方知识基础对新技术创新的影响尚存在争论。“区域产业分叉”虽然从邻近性、技术相关性等方面论述了知识溢出的方向性，但知识基础对技术创新的影响机理仍有待探究。基于此，本书试图以燃料电池技术为例，探讨本地知识基础对燃料电池技术的影响，尝试从空间格局刻画、特征分析、回归分析等方面揭示本地知识基础对新技术创新影响的内在规律和机理。本书开展上述研究的具体意义如下。

一、理论意义

以燃料电池的发明专利以及发明专利的“引证—被引”数据为基础，基于“相关多样性”假说对知识基础进行相关与无关的区分，从演化视角动态看待本地知识基础与燃料电池技术创新间的关系。本书从技术关联层面来分析新技术在发展过程中知识基础的动态作用，主要意义如下：第一，当前研究多关注企业、产业联系，从专利的“引证—被引”关系在纯技术层面进行关系探究，弥补了当前研究的不足；第二，本书从技术关联角度对“相关多样性”假说进行验证，从技术关联角度区分相关与无关知识基础，从而得以在技术层面对“相关多样性”进行直接刻画，由此对“相关多样性”假说中阐述的相关多样性以及无关多样性对创新的作用进行验证；第三，“区域产业分叉”与“区位机会窗口”对知识基础与新技术创新间的关系存在争论，本书在对知识基础进行划分的基础上，重点探讨新技术发展早期不同类型知识基础对技术创新两个主要环节的影响，深入探讨不同知识基础对新技术创新的影响，分析其空间表现，以此来回应“区域产业分叉”与“区位机会窗口”的争论。

二、应用意义

首先，理清燃料电池技术的影响因素和发展规律是引导燃料电池技术合理、健康发展的重要基础。本书从知识基础的作用出发探讨燃料电池技术的问题，能够帮助识别地方发展燃料电池技术的优劣势，为燃料电池技术的科学合理发展提供借鉴。其次，通过以燃料电池技术为案例，本书试图回答城市的不同知识基础对新技术创新的动态影响，分析知识基础层面不同城市在发展新技术上的优劣势，以此来帮助城市更加合理地根据自身情况选择发展合适的新技术。

第四节 核心概念界定

一、技术创新

继熊彼得首次提出“创新”概念以来（Schumpeter，1947），技术创新已经成为当前学界的重点关注领域之一，关于技术创新的内涵也逐渐丰富，并出现了不同的认知。关于技术创新的内涵主要存在结果观、过程观、综合观三种认知类型（见图 1－2）。

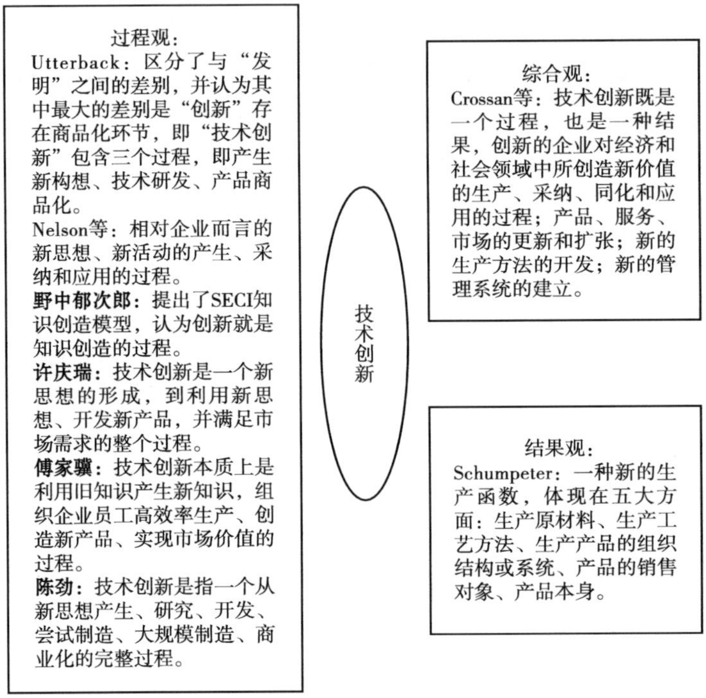

图 1－2 “技术创新”的概念：结果观、过程观和综合观

资料来源：根据杨菲（2018）的研究整理，略作修改。

对于城市技术创新而言，技术创新更加注重创新的整体过程，如“国家创新系统”理论强调创新的三个环节是整个国家创新体系的核心所在：即知识生产、知识扩散和知识应用。埃德奎斯特（Edquist）认为国家创新体系就是“所有影响创新知识开发、扩散和应用的重要的经济、社会、政治、组织、制度和其他因素的集合”，于城市而言，这三个环节同样是技术创新的核心所在。由于本书研究以城市为研究单元，重点关注本地知识基础对燃料电池技术创新的影响，从而借鉴“创新”过程观中对“创新”的相关定义，结合“国家创新系统”中对创新过程的表述，并聚焦于技术知识，本书将“技术创新”定义为：技术创新是通过研发等活动实现技术知识生产，进而通过技术知识扩散实现知识的交互与共享，最终促进并通过技术知识应用实现商品化的过程。因此本书中的“技术创新”包含三个重要的环节：技术知识生产、技术知识扩散、技术知识应用。

需要注意的是，技术创新的三个环节并不是简单的单向作用，而是相互联系、相互促进的（见图1－3）。现有的技术水平和知识基础存量会为技术创新提供基本的支持，而社会的目标、需求和市场则会检验创新产品并对产品信息进行反馈，实现与技术创新的信息交互（宋迎昌，1995；董坤等，2018）。在技术创新过程中，区域中技术知识产生后，会通过技术知识扩散将技术知识传递到其他创新主体中，或者直接进行技术知识应用；而创新主体产生的知识在扩散的同时，自身也在吸收其他的技术知识来强化技术知识生产能力，并且学界研究已高度认可知识扩散所带来的知识溢出与知识流动对区域的技术知识生产能力起到显著的促进作用（Griliches，1998；毛琦梁、王菲，2018）；技术知识扩散又可将技术知识传播到其他创新主体，以推动技术知识的运用，实现最终的产品化（毕克新等，2012）。而技术知识应用负责根据市场需求将技术知识形成商品推向市场，技术知识应用环节可以直接接触到社会和市场对产品的反应，并将市场反应信息反馈到技术知识扩散环节和技术知识生产环节，实现对技术知识的进一步更新和生产（姚惠泽、张梅，2018）。

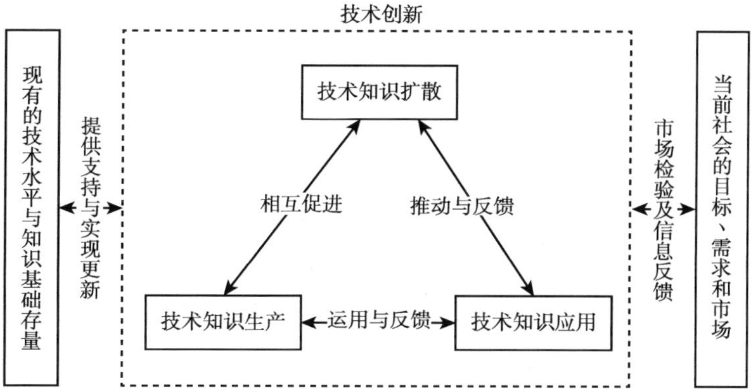

图1－3 技术创新各环节的相互联系图

资料来源：根据宋迎昌（1995）、Griliches（1998）、毕克新等（2012）、董坤等（2018）、姚惠泽等（2018）、毛琦梁等（2018）的研究整理而得。

燃料电池技术具有新兴技术的特殊性，受成本、使用寿命、可靠性等方面制约，燃料电池技术仅能实现部分产品的实用化，尚未形成大规模的商品化，各国对燃料电池的发展也仍处于政策扶持阶段（侯明、衣宝廉，2008；陈晨等，2015）。因而受到燃料电池技术发展的阶段性限制，对燃料电池的技术知识应用的分析尚难以进行，本书着重对燃料电池技术创新的两大环节进行分析，即技术知识生产、技术知识扩散。

二、知识基础

创新被理解为是交互式学习的结果，这一现象不仅发生在企业内部，也发生在企业外部的各种行为者，可由地理和其他形式的邻近性促进（Shaw and Gilly, 2000; Boschma, 2005）。创新地理的文献着重讨论了哪些类型的知识参与了创新的互动过程。显性知识和隐性知识的知识二分法得到了较多的认可，而隐性知识难以测量的问题一直存在，但学者们仍旧认可隐性知识的重要性（Gertler, 2003）。众多学者测度了显性知识与创新的关系，此类实证研究多依赖于诸如出版物和专利等可编码科学知识的测量（例如，Rigby, 2015; Boschma et al. , 2015），并且显性知识对创新具有积极作用也受到了学界的广泛认同。

基于此认识和可行性上的考虑，本书仅对显性知识的知识基础进行了类型划分和定量测度。显性知识中，学术论文与发明专利是运用最广并最受认可的两种知识载体，而学术论文一般被认为表征的是科学知识，发明专利则是典型的技术知识（Jensen et al, 2007; Johansson et al, 2006；李丹丹等，2015）。因此，本书将与燃料电池主题相关的学术论文作为燃料电池的相关科学知识基础；又由于技术创新是本书的研究对象，对发明专利进行进一步的类型划分。一方面，“区域产业分叉”理论强调技术相关性对知识溢出的影响；另一方面，Frenken（2007）提出的“相关多样性”概念，引发了演化经济地理学中通过对多样化的进一步细分研究的热潮，成为当前学科的研究热点。据此，根据发明专利的引证关系，可以直接刻画燃料电池发明专利所关联的IPC（International Patent Classification，国际专利分类标准）技术类别，进而可将城市的所有发明专利分为燃料电池发明专利、与燃料电池相关的发明专利、不与燃料电池关联的发明专利。燃料电池的发明专利是燃料电池技术生产环节的产出量。而在城市知识基础角度上，与燃料电池相关的发明专利、不与燃料电池关联的发明专利可直接对应为与燃料电池相关的技术知识基础、与燃料电池无关的技术知识基础，为方便描述，简称为相关技术知识基础、无关技术知识基础（见图1－4）。

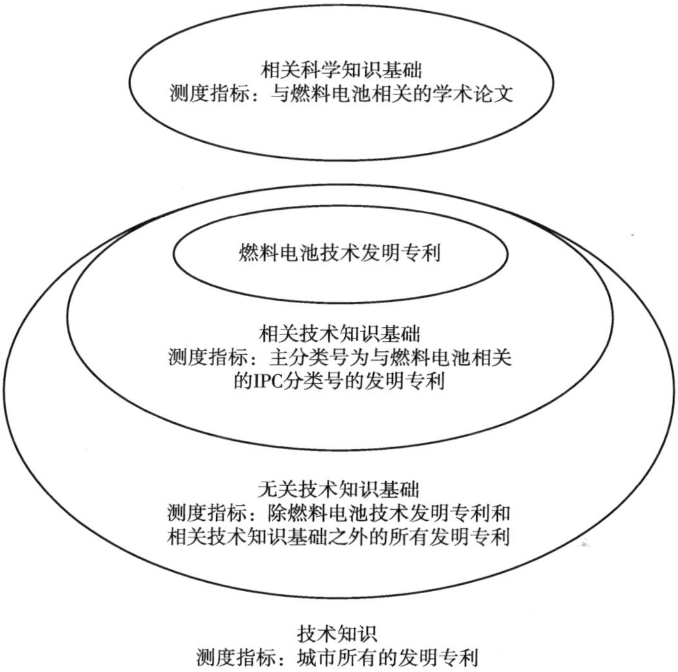

图1－4　基于专利和论文的城市知识基础类型划分

资料来源：作者自绘。

下文对本书几类知识基础进行具体说明。

（1）相关科学知识基础：本书以学术论文为刻画指标，在中国知网中搜索以“燃料电池”为关键词的论文，共计搜索得到1985—2016年的6615篇论文，并对论文数据进行下载处理。对作者单位进行二次查询，将论文最终归入到各地级市当中，共计得到1985—2016年291个地级市的5924篇以“燃料电池”为关键词的学术论文，本书将之作为相关科学知识基础的具体衡量指标。

（2）燃料电池技术发明专利：在“上海市知识产权（专利）公共服务平台”中下载燃料电池的技术发明专利，陈弘挺（2017）、叶琴（2018）的研究中已经论述了“上海市知识产权（专利）公共服务平台”中的专利数据包含了全国的所有专利。在“上海市知识产权（专利）公共服务平台”官网上依次进入“公共专题数据库”—“新能源与环保产业”—“燃料电池”，选中“发明专利”，并进行相关专利的下载，共计获得1985—2016年的燃料电池发明专利18484条发明专利。对发明专利中的申请单位地址进行二次查询，仅计算申请单位在本书研究区域内的专利，即申请单位地址在中国291个地级市中的发明专利，最终得到1985—2016年中国291个地级市的发明专利9065项，以此作为燃料电池技术发明专利的数据。统计9065项燃料电池发明专利的IPC技术类别，发现占比在1%以上的技术类别有10个，分别为H01M、B01J、C01B、H02J、B60L、C02F、G01R、C08J、C08G、G01N，将之作为燃料电池的主要技术组成类别。

（3）相关技术知识基础：以燃料电池发明专利的引证专利技术类别来确定相关技术知识基础的类别。本书以1985—2016年燃料电池的9065项发明专利为基础，在国家知识产权局（SIPO）专利信息服务平台上逐条查询每条发明专利的引证专利，共计得到42573项燃料电池发明专利的引证专利。统计42573项引证专利的IPC技术类别分布，本书采用引证专利中占比超过1%的IPC技术类别作为燃料电池的相关技术类别，共计得到15个燃料电池的IPC技术相关类别，分别为H01M、B01J、C01B、C02F、B01D、C08J、C08L、C25B、H02J、C08J、C08L、C25B、H02J、C08G、B60L、C08K。进而，依据15个燃料电池技术相关类别，对1985—2016年291个地级市这15个相关类别的发明专利数依次进行查询，并在国家知识产权局（SIPO）专利信息服务平台查询每个地级市历年的城市总发明专利数，每一个专利技术类别需查询9312次，共计查询次数为148992次。上述数据采集，构成了本书的相关技术知识基础的数据源。由于燃料电池发明专利主要的10个IPC组成类别均在15个相关技术类别当中，因此相关技术知识基础需要剔除属于燃料电池技术的发明专利。计算公式如下：

相关技术知识基础=15个相关IPC技术类别的发明专利总数-燃料电池发明专利

（4）无关技术知识基础：上述搜索过程已搜集了1985—2016年291个地级市的总发明专利数和15个燃料电池相关IPC技术类别的发明专利数，由于燃料电池的发明专利10个主要IPC组成类别均在15个相关技术类别当中，因此城市的无关技术知识基础可通过城市的总专利数减去15个相关技术类别的专利总数得到，公式如下：

无关技术知识基础 = 城市发明专利总数 - 15个相关IPC技术类别的发明专利总数

三、专利与专利引证行为

在现行的《中华人民共和国专利法》中，专利被分为3种类型：发明专利、实用新型专利和外观设计专利。发明专利是指对产品、方法或者其改进所提出的新的技术方案；实用新型专利是指对产品的形状、构造或者其结合所提出的适于实用的新的技术方案；外观设计专利是指对产品的形状、图案或者其结合以及色彩与形状、图案的结合所作出的富有美感并适于工业应用的新设计。由于发明专利是三种类型专利中最具有技术价值的专利类型，因此本书仅对发明专利进行分析。而中国同样根据国际专利分类标准（International Patent Classification，IPC）来对当前的技术体系进行了区分，现行的IPC分类标准已是第8版，共计有631个小类类别、120个大类类别、22个分部类别以及8个部门类别（段德忠，2018）。

专利的引证是指在专利申请过程中，在专利的背景技术部分所借鉴、引用的其他专利。国家知识产权局规划发展司发布的《专利文献引证统计分析报告》指出，专利引证能够实现将专利知识间的知识流动、传递、扩散等无形的过程显性化，能够直接刻画技术与技术之间的关系（徐健、武伟，2014）。对不同专利而言，在专利的引证行为形成过程中，形成了“引证”以及“被引”两种关系，“引证”强调了专利间的借鉴过程，“被引”则常被视为衡量专利质量的重要指标，这点与学术论文间的引用参考文献行为类似。

四、新兴技术与燃料电池

在创新驱动发展战略的推动下，国家对战略性新兴产业进行了大力建设。2010年《国务院关于加快培育和发展战略性新兴产业的决定》中首次提出了要推进七大战略性新兴产业的建设，分别为生物产业、新能源产业、高端装备制造产业、新能源汽车产业、新材料产业、新一代信息技术产业和节能环保产业。这些产业均具有极大的发展前景，又关乎国家未来的发展。2016 年国务院发布的《“十三五” 国家战略性新兴产业发展规划》再一次强调了要着力推进战略性新兴产业的发展。现阶段研究中，战略性新兴产业也成为学界研究的重点（陆国庆等，2014）。学者普遍认为战略性新兴产业发展的根基是知识的吸收和技术创新能力（Liao and Hu，2007；王宏起等，2018），产业发展背后的技术创新起到了核心作用，因而对新兴技术进行研究对产业发展具有重要意义。

本书将燃料电池技术作为新兴技术中的一类来研究，特论证其典型性。首先，从国家认可层面来看，燃料电池被明确列入战略性新兴产业重点产品目录当中，燃料电池属于新能源领域中重要的一类，国家发展和改革委员会明确将“燃料电池系统及其核心零部件” 列入《战略性新兴产业重点产品和服务指导目录（2016 版）》。其次，从技术特点上来看，Day、Schoemaker（2004）认为新兴技术有 3 个特征：第一，新兴技术的知识基础在逐渐扩张；第二，新兴技术的市场是在逐渐发展和形成的，其应用价值在不断提高；第三，新兴技术在市场中的应用也在经历着不断的革新。2000—2016 年，燃料电池技术新的引证类别年均增长 15.4 个 IPC 小类，共计拓展了 262 个新的 IPC 小类，说明燃料电池技术的知识基础仍在不断扩张当中，符合新兴技术的第一个特征。20 世纪 60 年代至 90 年代，燃料电池主要运用于军事领域，20 世纪 90 年代以来，随着全球环境的持续恶化，环境保护日益受到人们的关注，燃料电池的清洁属性受到重视，包括以高温燃料电池为主的电站、以直接甲醇燃料电池（DMFC）为主的便携式移动电源等均得到了快速发展（王志成等，2016），因此燃料电池的市场是逐渐形成和发展的，符合新兴技术的第二个特征。燃料电池在新能源汽车当中的运用是当前燃料电池发展的重要方向，以质子交换膜燃料电池（PEMFC）为主的燃料电池汽车当前虽未实现大规模商品化，但各国已开发多款试验车型，离商品化越来越近。并且因燃料电池的优点明显，燃料电池汽车的发展前景被普遍看好。中国科学技术部前部长、科学技术协会主席万钢 2018 年 12 月在《人民日报》上发文表示，纯电动汽车存在续航里程、充电时间的短板，尚不能满足量大面广的远程公交、双班出租、城市物流、长途运输等市场需求，为此，应及时把产业化重点向燃料电池汽车拓展（万钢，2018）。由此可见，燃料电池的市场应用也在不断革新当中，因此燃料电池技术同样符合新兴技术的第三个特点。

综上，燃料电池技术既是国家认定的重要战略性新兴技术，又在技术发展特点上完全符合新兴技术的特点，并且燃料电池技术是具有诸多优点、拥有巨大发展潜力的清洁能源技术，本书以燃料电池技术为研究对象，通过燃料电池技术来研究知识基础与新兴技术创新之间的关联。

第二章

国内外相关研究进展

知识与创新之间的关系一直是经济地理学的重要研究领域之一，围绕“本地知识基础”与“创新”之间关系这一主题，本章对国内外文献进行梳理：首先在 Web of Science 官网、中国知网（CNKI）上搜索下载相关文献，利用 Citespace 软件进行文献的可视化处理，描绘相关研究的演化脉络；其次，通过对符合本书主题的核心文献的研读，梳理和整理学术研究的热点及前沿动态；最后，评述当前研究的优缺点，提出本书的观点。

第一节 国内外研究的知识图谱分析

一、数据来源

相关文献的数据来源主要来自于 Web of Science 官网以及中国知网，其中英文文献来自 Web of Science 官网，中文文献来自于中国知网。

1. 下载 Web of Science 中的英文文献数据步骤如下：①登录 Web of Science 官网，在期刊范围处选定来源为“Web of Science 核心合集”；②在主题处输入搜索关键词为“local knowledge”和“innovation”，点击搜索；③由于搜索结果中许多文献并非来源于经济地理学的相关领域，因此在 Web of science 类别处选择经济地理学的相关领域，在其所有类别中选择“Economics”（经济学）、“Geography”（地理学）、“Urban Studies”（城市研究）、“Planning Development”（规划发展），共计搜索到相关文献 1068 篇；④选中相关文献记录，在 Web of Science 中导出参考文献的纯文本记录，以供后续 Citespace 软件分析。

2. 下载中国知网中的中文文献数据步骤如下：①登录中国知网官网首页，点击高级搜索；②由于经济地理学隶属于社会科学，因而选定搜索的期刊范围为“CSSCI”（中国社会科学引文索引，全称 Chinese Social Sciences Citation Index）；③在主题处输入“知识基础”与“创新”来搜索相关文献，共计得到 329 篇相关文献；④选中搜索到的相关文献记录，而后点击“导出”，选择“Refoworks”格式导出文献记录。

二、英文文献知识图谱分析

从英文文献的关键词演化来看（见图 2 - 1），自 20 世纪 90 年代开始出现最核心的关键词“innovation”（创新），在同一时间出现的一个重要关键词为“network”（网络），可见在 20 世纪 90 年代出现了从网络视角讨论本地知识与创新间的关系。后续包括“knowledge”（知识）、“research and development”（研究与开发）、“cluster”（集群）等三个重要的关键词出现，由此可知，技术研发是知识与创新的重要结合点；而从集群视角解析本地知识与创新的关系，则是经济地理学领域的重要传统。新经济地理学及演化经济地理学均强调集群是区域产业发展到一定程度后的重要特征，其中涉及重要内容的部分即为本地知识与创新在其中起到的作用。之后，“multinational corporation”（跨国联系）成为重要的关键词，受全球生产网络理论的影响，经济地理学相关领域关于本地知识与创新的研究开始从注重本地转向注重外部，特别是关系经济地理学代表人物 Harald Bathelt（2004）提出“本地蜂鸣—全球管道”（local buzz - global pipelines）理论之后，关于全球网络的研究得到了极大的发展，“multinational corporation”（跨国联系）成为一个重要的关键词。而关键词“proximity”（邻近性）在随后出现，这一重要节点标志着以波斯玛（Boschma）为代表人物之一的演化经济地理学开始在本地知识与创新领域发挥重要影响。演化经济地理学一般认为经济活动的空间集聚是地方化知识历史积累的结果，从而路径依赖是影响区域发展包括创新发展的重要因素，并从多维邻近性（地理邻近、关系邻近、认知邻近、制度邻近等）方面对区域以及创新发展进行了诸多理论和实证研究（Boschma and Frenken, 2006; Balland et al., 2015; Boschma et al., 2014）。随后，“buzz”（蜂鸣）成为一个重要的关键词，“buzz”（蜂鸣）是指地方的企业、大学等主体有紧密的联系，像蜂群一样嗡嗡作响；“buzz”（蜂鸣）成为一个重要的主题词，可见关于地方联系的研究受重视的程度。在此之后，“economic development”（经济发展）成为另一重要的关键词，将本地知识、创新与经济发展相结合进行研究成为一个重要主题。之后，“Knowledge flow”（知识流动）成为最新重要关键词，可见关于本地知识与创新的研究是逐步深入的，当前研究正向知识流动这类机理层面的主题深化。

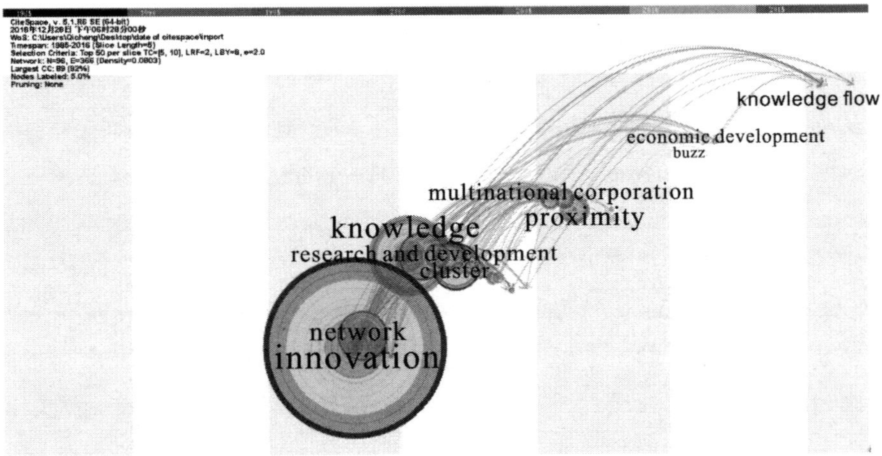

图 2－1　英文文献关键词演化

资料来源：Web of Science 官网。

在 Citespace 软件中分析 1985—2016 年的文献，以 5 年为一个时间切片查看关键词的聚类及演化。根据聚类分析结果可知，关于“local knowledge”和“innovation”的文献主要可分为六大类别，分别为“growth”（增长）、“knowledge”（知识）、“absorptive capacity”（吸收能力）、“governance”（治理）、“performance”（表现）、“proximity”（邻近性）。这六个方面表现出了关于研究本地知识与创新的六大主题，即讨论本地知识与创新同增长的关系问题、对知识本身表现的讨论、讨论吸收能力对本地知识与创新的影响问题、讨论治理对本地知识与创新关系的影响、讨论本地知识与创新作用的最终表现、讨论邻近性在本地知识与创新之间起的作用。

通过 Citespace 软件对国外知识基础与技术创新关系研究的重要文献进行梳理，如表 2－1 所示。1995 年，Storper（1995）倡导对地方作用进行再重视，地方对区域经济发展的影响仍起到重要作用。Alsenlin（1997）和 Molina – Morales（2002）均强调了高校等科研机构对于技术创新具有重要作用，Molina – Morales 的研究还认为专业化以及地方技术和市场的认同能够促进地方集体创新。2004 年，Bathelt（2004）在《Progress in Human Geography》上发表了题为“Clusters and knowledge：local buzz，global pipelines and the process of knowledge creation”的重要论文，提出了著名的“本地蜂鸣—全球管道”理论，认为本地与全球知识流动的结合对创新具有重要意义。受“本地蜂鸣—全球管道”理论影响，对全球管道作用的研究显著增加，同时对本地作用的研究也在不断深入当中。Boschma（2004）的研究认为本地企业的发展有赖于本地环境，区域竞争力会对本地企业的绩效产生显著影响。随后，Wolfe（2004）、Crescenzi（2007）、Van Geenhuizen（2007）、Rodriguez – Pose（2008）等多篇重要文献强调了本地知识溢出对于区域技术创新具有重要的意义，知识在区域内的流动对技术创新的作用逐渐受到重视。Sonn（2008）则强调了在信息技术快速发展的背景下，地理邻近仍旧在知识生产中发挥着显著作用；Shearmur（2009）的研究也显示地方环境仍旧显著影响着技术创新。Belussi（2010）和 Huggins（2010）的研究从联系网络视角研究了企业的知识获取渠道对创新的重要意义，并认为开放性对创新绩效具有显著促进作用，肯定了外部知识获取的重要性。Doloreux（2015）的研究则批判了当前研究过于重视非本地化联系的重要性，认为某些知识流动具有本地化属性，本地联系对创新而言具有重要意义。Grillitsch（2015）则分类别对不同能力的企业进行讨论，认为能力弱小的企业更依赖于当地的知识基础，而能力强大的企业则可以通过自身能力在一定程度上弥补当地知识基础的缺陷，仍旧肯定了当地知识基础对企业创新具有重要作用。从国外重要文献的梳理中可知，经济地理学者对于地方知识基础与技术创新的研究经历了从肯定地方的作用、到重视外部联系、再到批判过于重视外部作用而忽视本地作用的过程，这一过程的螺旋式发展也促进了经济地理学界对本地知识基础作用的进一步思考，而对本地知识基础作用分类别进行深化讨论是经历了这一过程后的重要趋势。

表 2－1　国外知识基础与技术创新关系研究的重要文献梳理

作　　者	年份	期　　刊	主要内容
Grillitsch M	2015	Annals of Regional Science	内部能力较弱的企业更依赖与地方知识基础设施，能力强大的城市则相对可通过自身能力弥补
Doloreux D	2015	Growth and Change	批判过于重视非本地化的联系，认为某些知识流动具有本地化属性，对创新具有重要意义
Huggins R	2010	Entrepreneurship and Regional Development	通过企业间网络获取知识对企业创新具有重要意义
Belussi F	2010	Research Policy	企业的知识搜索会嵌入本地网络，而开放性会对创新绩效产生显著影响
Shearmur R	2009	Industry and Innovation	地方环境与技术创新间存在密切联系，并且在空间上表现出一定规律性
Sonn JW	2008	Environment and Planning A	在信息技术发展背景下，地理邻近在知识生产中仍旧发挥着显著的作用
Rodriguez－Pose	2008	Regional Studies	研究了 R&D、知识溢出以及区域创新系统和区域发展的关系，证明了知识流动对区域创新能力的重要影响
Van Geenhuizen M	2007	Technological Forecasting and Social Change	强调了本地知识溢出对集群创新的重要性
Crescenzi R	2007	Journal of Economic Geography	美国知识的密集流动、资本和人口等对促进创新活动和信息协同具有积极影响
Wolfe DA	2004	Urban Studies	研究企业对当地知识基础的依赖程度、当地知识流动与非当地知识流动的重要性等过程、关系和本地能力对集群形成的影响

续表

作者	年份	期刊	主要内容
Boschma RA	2004	Regional Studies	区域竞争力很大程度上影响着本地企业的绩效，路径创造往往会偶然的发生
Bathelt H	2004	Progress in Human Geography	提出了“本地蜂鸣—全球管道”理论，认为本地—全球的联结对创新极为重要
Molina – Morales FX	2002	Entrepreneurship and Regional Development	学术和科研机构、专业化、地方技术和市场认同是促进地方集体创新的重要影响因素
Anselin L	1997	Journal of Urban Economics	高校能够通过知识溢出对高新技术创新产生显著积极作用
Storper M	1995	European Urban and Regional Studies	对地方作用的再重视，倡导复兴区域经济

三、中文文献知识图谱分析

整体上，中文文献中关键词的出现与演化稍滞后于英文文献（见图 2－2），可见，在本地知识基础与创新之间的研究中，国外的研究进度要领先于中国。“知识管理”这一关键词在 21 世纪初出现。中国加入 WTO 等重大事件推动了国外先进管理经验的流入，从管理学角度研究知识管理对知识基础与创新关系的作用成为社科领域研究该问题的重要视角，学者们通常认为合理的知识管理可以有效提高知识的利用效率，从而有利于产生更多创新（陈方丽等，2004；周琛，2004；姜万军，2000）。随着中国与世界的交流日益频繁，“技术创新”“创新”这两个重要的关键词出现，21 世纪初学界开始更加强调科学技术的重要性，相关研究也日益增多，包括创新的三螺旋理论、协同演化理论等逐渐受到关注（于焱，2009；牛盼强、谢富纪，2009）；关键词“知识基础”在同时期出现，学界开始认识到知识基础对创新的重要价值，关于知识基础的现状分析（高波等，2010；黄劲松，2010；牛盼强、谢富纪，2010）、知识基础与创新的交互过程研究受到重视（冉范生，2010；薛捷，2009；罗珉、王睢，2008；蒋军锋、王修来，2008）。随后，关于知识基础与创新关系的研究不断深化，一方面，学界开展了更多的实证研究以探讨两者的关系，其中专利是最常用的量化指标，并重视对最终创新绩效的影响（曾德明、周涛，2015；潘清泉、唐刘钊，2015；刘岩等，2015；张晓黎、覃正，2013）；另一方面，对知识基础作用于创新的机理探讨持续深化，将知识深度、广度与知识的搜索能力、吸收能力等结合，进一步论述其对创新的影响（唐青青等，2018；姜骞、唐震，2018；张晓棠、安立仁，2015），并且对知识基础的分类也更加细化，包括对不同知识类型主导的产业对比研究（李琳、龚晨，2017；叶琴、曾刚，2018），对城市、区域与产业的知识基础分布及作用研究（李琳等，2016；牛盼强，2018；李美桂等，2016）相继出现。自此，“知识深度”“吸收能力”“产业知识基础”“专利”“创新绩效”等重要的关键词出现。而近年来，“知识整合”等关键词开始出现，如王文华等（2018）研究了组织间协同对知识协同的影响，李玥等（2018）探讨了基于供应链、产业联盟、创新平台这三种知识整合的方式对提升创新能力的影响，薛捷等（2016）研究了外部整合能力对竞争力的影响，从知识整合的视角对不同类型知识进行协同分析，为探讨知识基础与创新的关系提供了新的视角。

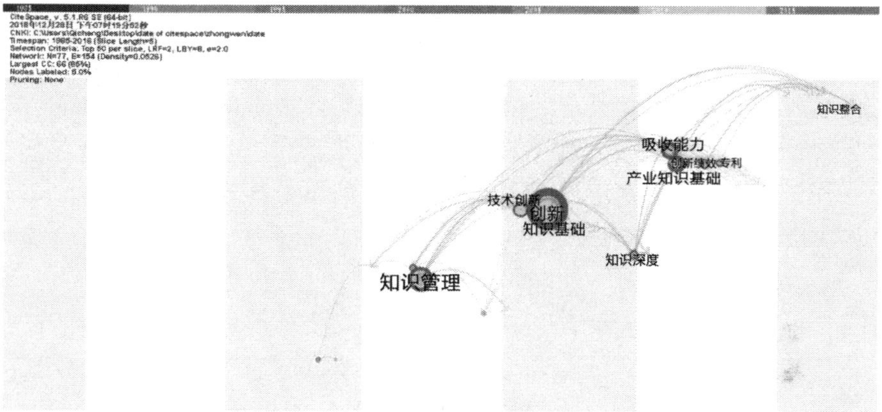

图 2-2　中文文献关键词演化

资料来源：中国知网。

利用 Citespace 对中文文献的关键词进行聚类分析，得到 5 大类别，分别为“技术创新”“知识深度”“知识基础”“专利”“产业知识基础”。可见，关键词聚类上中文文献偏向于根据基本的研究对象分类，如“技术创新”“知识基础”“产业知识基础”均是重要的研究对象，“知识深度”是知识基础的衍生，“专利”则是衡量创新或者技术创新的重要指标。而英文文献在聚类图中已经出现了其他关于特定领域方法的类别，如“proximity（邻近性）”是地理学中极为重视的研究视角，“governance（治理）”“growth（增长）”是管理学和经济学中更加重视的视角，“absorptive capacity（吸收能力）”则是对知识基础与创新的交互关系中重要的桥梁。因此在本地知识基础与创新关系研究中，国外研究更加系统化，国内更加重视对研究对象的深化研究，虽研究重点有所不同，但两者均体现出了多学科交融的趋势。总体上，国外对知识基础与技术创新间关系的研究要领先于国内。

第二节

热点研究领域及文献综述

基于 Citespace 软件的知识图谱分析，我们可以关注到本书重点聚焦的知识基础、知识流动、技术创新等关键词均是学科研究脉络中的重点词汇，并且“知识流动”（Knowledge flow）等是国外经济地理学领域研究知识与创新问题的近期热点词汇，从而发现本书研究讨论的关键问题是学科体系中的重要问题。

现有对知识基础与技术创新的研究主要集中在知识基础与创新类型的不同所造成的差异上。演化经济地理学更加注重创新过程的动态性，从演化视角关注技术创新与知识基础之间的动态关系是学科的重要传统。而对技术创新关联的刻画方法是描述知识流动的关键所在；在知识流动中，对知识的整合运用能力则对促进技术创新具有直接的影响。因此，本节从以下四个主要方面对相关研究进行综述。

一、知识与创新类型引起的差异

过往的众多研究关注到了创新形式和知识类型上具有极大的差异性，进而引发的知识基础与技术创新间关系的变化，可以从两者差异所带来的复杂影响上得以体现。

（一）不同创新形式与知识基础的关系差异

尽管学者们在创新研究中使用了大量创新类型的定义（Garcia and Calantone，2002），但渐进式技术创新和激进技术创新的类别划分是被广泛接受的划分方式。渐进式创新持续发生，并且在技术轨迹上是累积的（Freeman，1994）。渐进式创新通常发生在公司内部或者彼此紧密相连的公司集群内，因此在地理上被认为受到已有的经济活动模式的强烈影响（Boschma and Van der Knaap，1997）。换句话说，产品和流程的渐进式变化多发生在企业所在的区位，而且往往是通过实践、学习和使用机制来推动技术创新。

激进式创新则常常为全新的产品或工艺奠定基础，产生范式变革（Dosi，1982）。激进式创新具有不连续性，被认为能够打破现有的产业格局并催生出新的企业和产业。因此，激进式创新通常被认为会导致经济体系的不连续性和经济环境的不稳定性（Boschma and Van der Knaap，1997）。由此可见，在激进技术创新的早期阶段，不确定性非常高（Dosi et al.，1988），并且技术需要多年的发展和改进。因此，激进式创新和渐进式创新的知识来源被认为是有差异的。渐进式创新通常以现有的知识能力为基础，而激进式创新则通常依靠从远处进行知识搜索来获得突破（Rosenkopf and Nerkar，2001）。但 Tushman、Anderson（1986）、Cardinal（2001）等学者同样认可现有知识基础、技术基础、科学基础对激进式创新具有重要作用。

对于渐进式创新和激进式创新的讨论由来已久，学界从内外部知识获取的角度对渐进式创新和激进式创新进行了较多讨论，在知识来源上重视外部知识获取（王建平等，2017）、在地方能力上关注地方知识吸收能力（钟苏梅等，2016）对激进式或渐进式创新的影响。如屠兴勇等（2018）研究发现网络能力可以显著促进渐进式创新绩效，并且外部知识的获取起到了中介作用；伍勇、魏泽龙（2017）研究了内外部的知识探索对激进式创新的影响。而在重视外部知识获取的背景下，知识吸收能力被强调（王永建，2016），知识吸收能力具有“识别—消化—应用”三个维度，一般认为会受到个人、组织或地方知识基础的影响（Cohen and Levinthal，1990；艾志红，2017）。

（二）不同知识类型对技术创新影响的差异

野中郁次郎提出了著名的 SECI 知识创造模型（见图 2－3），其将隐性知识、显性知识与知识创造或创新的关系通过系统联系的方式表现出来，认为知识转化有四种基本模式：潜移默化（Socialization）、外部明示（Externaliza-

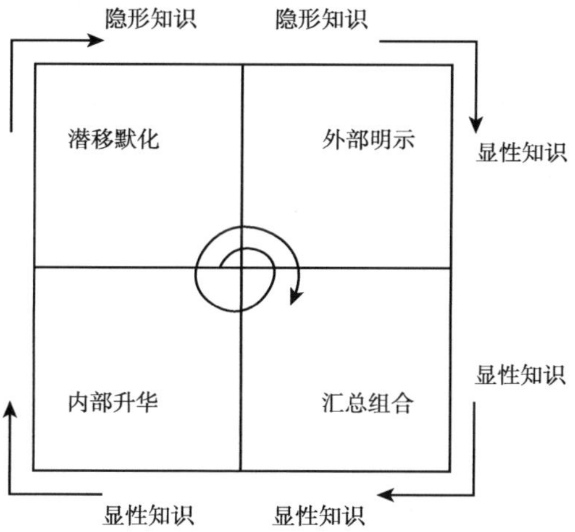

图 2－3　SECI 知识创造模型

资料来源：元利兴、宣国良（2002）。

tion)、汇总组合（Combination）和内部升华（Internalization）（野中郁次郎、竹内弘高，2012）。由于隐性知识的难度量性，直接关于隐性知识影响技术知识生产的研究较少，但隐性知识对技术知识生产的促进作用仍旧受到认可，如在博览会中，参会人员面对面的交流等都包含着创新知识的交互，能够对技术创新起到积极影响（朱贻文，2017），且隐性知识可以通过外显化的作用促进技术知识的产出（张天龙等，2019）。

由于显性知识的可编码性，显性知识对技术知识生产的影响研究较多（Rigby，2015；Boschma et al.，2015），并且显性知识对技术知识生产具有的积极作用也受到了学界的广泛认可。

按解析型（Analytic）、合成型（Synthetic）、符号型（Symbolic）划分是另一种较受认可的划分方式。Laestadius（1998）在1998年根据知识创造的特性将之界定为解析型和合成型两种类型。此后，Asheim等（2007）学者进一步界定了解析型（Analytic）、合成型（Synthetic）和符号型（Symbolic）三种知识基础。解析型知识被认为是理解和解释自然世界特征的理论知识，其主要与科学原理和能力有关；合成型知识主要通过应用现有的知识或者创造性的组合和应用现有的知识来进行创新，其主要与工程技术有关；符号型知识主要关注创造力、设计和文化的价值，用于展示设计和美学在许多产品和服务中日益增长的重要性。而后诸如Martin（2013）、Marek（2016）、李琳（2016）、牛盼强和谢富纪（2011）等国内外学者对产业知识基础进行了拓展性的研究。不同的产业里主要的知识基础类型是不同的，不同的知识基础类型的产业创新也具有不同的特征。知识基础类型经常被用于研究跨行业的创新方式和知识流程的差异（Plum and Hassink，2011；Van Egeraat et al.，2013；Martin and Moodysson，2013）。叶琴（2018）研究对比了以中国生物医药产业为代表的解析型产业和以中国节能环保产业为代表的合成型产业的创新特征，认为产业不同类型知识基础会影响结网结构，进而影响技术知识的产出。此外，李琳、龚晨（2017）的研究显示多维邻近性对以不同类型知识为基础的产业的影响有所不同，在合成型知识基础产业中，地理邻近的作用强度要大于认知邻近，与产业创新呈现正效应的半倒“U”形关系；在解析型知识基础产业中，地理邻近的作用强度要大于认知邻近，与产业创新呈现狭窄的倒“U”形关系。

按科学知识与技术知识划分是另一种分类。在显性知识中，学术论文与发明专利是运用最广且最受认可的两种知识载体，而学术论文一般被认为表征的是科学知识，发明专利则是典型的技术知识（Jensen et al.，2007；Johansson et al.，2006；李丹丹等，2015）。一般认为，科学知识对技术知识是具有显著影响的。根据董坤等（2018）的研究总结，科学知识与技术知识在应用研究中存在交互环节，并且科学知识中的基础研究能够通过知识积累来支撑应用研究，进而促进更高水平技术的产生。科学知识能够为技术知识的生产提供理论基础（巨乃岐、刘冠军，2004），科学知识取得的突破能够促进更高水平技术知识的产生，特别是原理认识上的突破对突破技术瓶颈具有重大意义（见图 2－4）。

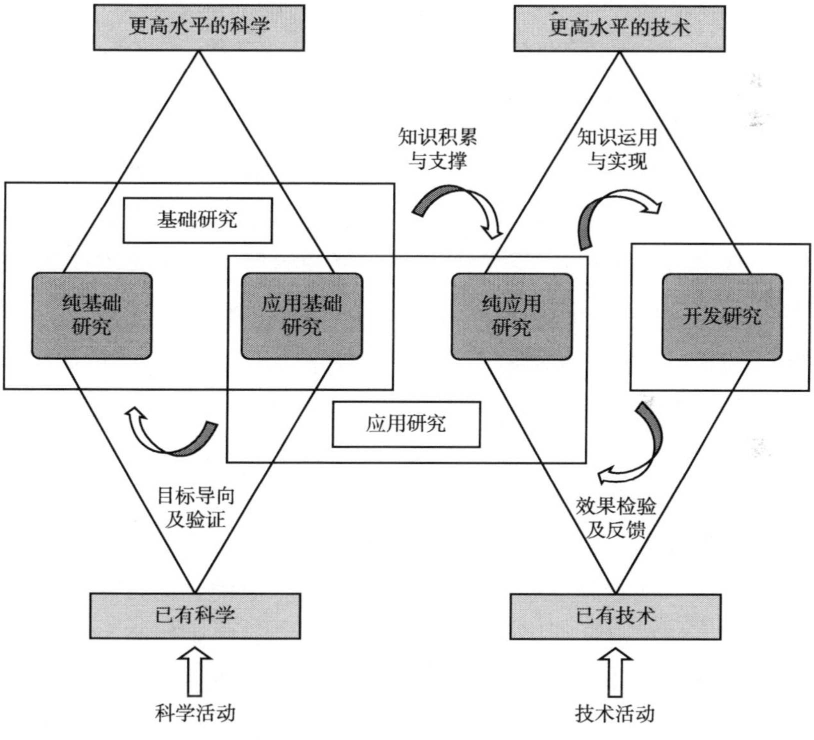

图 2－4 科学知识和技术知识的相互影响

资料来源：董坤等（2018）。

此外，“知识协同”等概念的提出和强调（王文华等，2018）使知识基础间的组合作用也逐渐被重视。Manniche（2012）分析了一系列创新项目中涉及的知识基础类型，结果表明虽然知识交互通常以一类知识基础为主，但创新的整个过程通常需要其他知识基础的参与。Martin 和 Moodysson（2011）研究了一家新媒体公司的创新项目中的知识基础类型，并认为虽然符号型知识是公司竞争力的基础，但其解决问题仍旧需要综合不同类型的知识。Tödtling 和 Grillitsch（2014）比较了 15 个案例研究的数据表明，外部知识与行业中主导的知识基础相结合，能够使企业产生不同类型的创新。Zukauskaite 和 Moodysson（2016）发现，虽然食品行业主要使用技术知识，但有一些食品公司通过结合技术和科学知识的方式在新产品领域上进行了拓展。Strambach 和 Klement（2013）研究了汽车行业的创新过程，认为组合知识的动态演变可以在创造新的发展路径中发挥重要作用，可以减少负面锁定效应的风险。

Frenken 等（2007）提出了“相关多样性”的概念，认为相关多样性能够有效支持知识溢出和创新重组，进而支持区域增长，特别是就业增长。“相关多样性”假说的提出引发了经济地理学中通过对多样化进一步细分研究的热潮，成为当前学界的研究热点。一个地区的部门构成将影响地区技术变革的速度和方向。在这种情景下，有人认为相关的部门越多，在一个部门情景下所创造的知识就越容易转移到其他部门。并且公司决策者认知能力的有限性限制了他们识别、利用现有知识基础的能力（Nooteboom，2000）。因此，单纯的多样化可能本身并不能支持创新。自 Frenken 提出“相关多样性”假说以来，众多学者对其进行了检验，多数研究证明相关多样性确实有利于区域或创新发展（Bishop and Gripaios，2010；Castaldi et al.，2015）。因此，根据相关性对知识基础进行分类探讨是有必要的。

当前主流的知识类型划分方式决定了对知识基础与技术创新之间关系的研究范围。在主流知识分类体系下，对知识进行进一步细分探讨的研究是相对缺乏的。技术关联性是演化经济地理学中的重要概念，也是影响技术邻近、认知邻近的重要因素，对技术创新具有显著影响；同时根据 Frenken 等（2007）对“相关多样性”作用的论述，本书根据技术之间的相关性，将知识分为与该技术相关的知识以及与该技术无关的知识，进而开展研究探讨。展开此类的讨论和研究能够加深不同知识对技术创新影响机理的认识。

二、知识与创新关系的动态变化

目前已有研究表明，知识基础与技术创新的关系会随着时间的演进而发生动态变化。演化经济地理学强调动态演化以及路径依赖，认为新兴产业或新技术更可能在已有相关知识基础上产生。而 Brenner（2004）和 Belussi（2009）等学者提出了产业生命周期理论，成为演化经济地理学分析产业动态演化的常用工具。该理论一般将产业发展阶段分为起源、发展、成熟和衰退四个阶段，而对于新产业或新技术来说，需要重点关注其早期的起源和发展阶段。Davids（2016）认为新产品在研究、开发和营销阶段，所需的知识类型存在差异；Moodysson 等（2008）结合生物科学产业中的知识创造过程，从动态的角度开展研究，认为在不同阶段的创新过程中需要不同类型的知识创造；汪明峰等（2015）以长三角物联网为例，探讨了新兴产业兴起和演化过程的地方差异，研究发现技术知识基础是新技术产业初始发展阶段的主要动因之一 。

同时，较多关于知识基础与技术创新关系演化的动力机制研究是基于邻近性视角展开的。邻近性最初源自马歇尔对集群经济的研究，是指集群内的经济主体在空间上的区位关系，即地理邻近性。20 世纪 90 年代末，新经济地理学与创新经济学等学科对地理邻近的作用产生了极大的关注，且对地理邻近的作用形成了一定的共识，认为地理邻近是影响创新知识适用性的重要因素，创新知识的扩散会随着距离的增加而衰减（吕国庆，2014；Abramovsky and Simpson，2011）。但地理邻近的作用也受到了部分研究者的质疑。O'brien（1992）在研究全球金融一体化时，提出了颇具争议的"地理终结论"（the end of geography），认为距离在当代已经变得不再重要。在知识基础与创新的关系中，亦有研究支持了地理邻近作用的弱化。Dubois 等（2017）在研究人口稀少地区的创新中发现，基于制度、认知、组织上邻近的作用要远大于地理邻近的作用。Walter 等（2017）的研究发现，在基于基础研究的项目中，地理邻近的作用并不明显。

以 Ron Boschma 为代表人物之一的演化经济地理学者提出了多维邻近性的概念，即地理邻近、认知邻近、社会邻近、制度邻近和组织邻近，强调了多维邻近性在创新演化过程中的重要作用（Boschma，2005）。多维邻近性概念为研究知识基础与技术创新关系提供了新的视角，比如"区域产业分叉"当中强调的技术相关性对知识溢出的影响，则可认为是两地区间的技术邻近对知识溢出的影响。根据 Caragliu、Nijkamp（2016）和周灿（2018）对多维度邻近的概念划分，技术邻近性又能够部分促进认知邻近，而认知上的邻近能够促进吸收能力的提升，形成知识基础对技术创新的多维度影响，因而多维邻近性为解释知识基础与技术创新提供了新的视角和依据（见图 2 – 5）。从某种程度上来说，不同维度的邻近会有部分替代作用，且不同维度邻近的重要性会随着产业发展阶段的不同而异。Hansen（2015）分析了地理邻近与非空间形式的邻近（认知、组织、制度等）之间的关系，认为存在重叠效应和替代效应这两种效应，重叠效应指地理邻近拥有促进非空间邻近作用的能力，替代效应指非空间邻近会替代部分地理邻近的作用，并将之在丹麦的清洁技术产业协同创新项目中进行了实证。Davids（2018）总结了邻近性与知识基础、创新过程的关系，认为邻近性概念的提出主要是用来解释促进相互学习与协作创新间的关系类型，而每个维度邻近的相对重要性则主要取决于所产生的知识类型。李琳等（2012）基于产业集群的生命周期视角，研究发现地理邻近对集群演化初期和成长期创新的影响显著为正，成长期的影响效应大于初期，且同一演化阶段的不同集群地理邻近影响效应存在显著差异。吕国庆等（2014）研究表明，社会邻近在创新网络发展过程中会随着时间的推移而增加，而距离邻近的重要性没有发生显著变化。

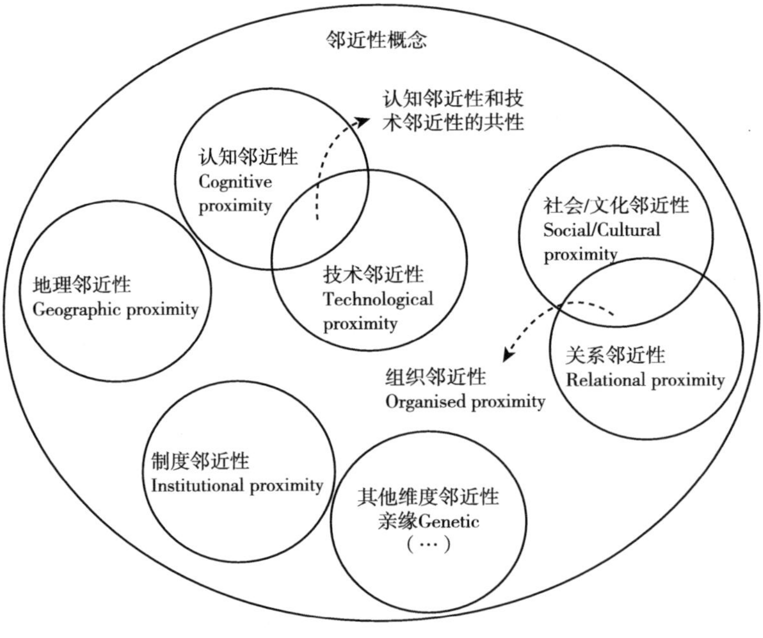

图 2－5　多维邻近性的概念示意

资料来源：周灿（2018）。

三、技术创新联系的刻画方法

过去的研究中对创新的刻画方法相对一致，但对创新联系的刻画方法则表现出极大的差异性，故本书对创新联系的刻画方式进行下面的综述。

首先，基于企业、产业和集群等层面的联系是刻画技术创新联系的重要方式。如基于产业链的创新联系是其中的重要一种。产业链是产业发展中的重要概念，在创新领域，产业链上的合作关联对于促进产业的整体创新具有重要意义，因此产业链上的合作关联受到学界的关注。黄光灿（2019）的研究认为基于技术创新的全产业链构建有助于弱化低端锁定，其概念核心在于以技术创新为核心来贯穿产业链上下游各环节，从而形成创新合作，推动技术创新。贺俊等（2018）以中国高铁产业的技术赶超为例，论述了：高铁产业内部特殊的管理、组织等方式对产业链上的创新主体产生了极大的激励，从而使得创新主体在开展技术学习的同时产生了紧密的组织间合作，最终实现了高铁产业在技术上的突破和赶超。马哲等（2018）、邸晓燕等（2008）均基于产业链合作的角度刻画了创新上的关联。基于不同学习方式的 STI（知识学习）、DUI（经验学习）创新结网方式也在创新研究中得到了应用，而 DUI 结网方式则倾向于产业链上的联系。通过产业链上的合作来刻画创新关联可以对从宏观层面分析产业整体技术创新上具有重要意义，其创新关联侧重于刻画产业链上不同环节之间的关系。基于产业联盟（协会）的创新联系也得到应用。产业联盟（协会）是促进产业内交流合作的重要平台，同时促进技术创新是产业联盟的重要目的。已有研究显示，产业联盟（协会）在促进产业内部的知识流动和合作上具有积极作用（杨伟等，2015；张琰飞，2015），因此从产业联盟角度刻画创新联系也被运用到经济地理学研究当中，曹贤忠（2017）即将产业联盟内的成员视为存在一种创新联系进行研究。此外，由于集群间的创新联系得到了应用，周灿（2018）就研究了集群间的创新网络演化。

由于专利数据的可得性，利用专利数据来刻画技术创新间的联系得到了广泛的应用。其中，基于专利中的共同申请信息来刻画专利合作网络成为主要方式之一。曹贤忠（2018）利用合作申请专利的数据探讨了上海高新技术产业的创新效率；宓泽锋、曾刚（2017）利用合作申请专利数据刻画了长江经济带物流创新合作网络，分析了不同网络形态对创新绩效的影响；吕国庆等

（2014）则用合作申请专利数据刻画了中国装备制造业的创新合作网络。合作申请专利的数据直观地刻画了创新主体间的合作创新关系，成为重要的创新联系刻画数据。此外，专利交易数据被应用到刻画创新关系当中。刘承良等（2018）运用专利交易数据刻画了中国的技术转移网络，分析了创新资源的流动和共享问题；段德忠（2018）运用专利交易数据刻画了中国转移网络的空间演化。专利交易数据较好地刻画了在专利使用权力上的联系，能从不同角度刻画创新联系，反映了部分价值链上的传导关系。

整体而言，对创新联系的刻画集中在企业与产业的创新联系上，即便是较为细致的专利信息中反映出来的合作创新信息以及专利交易信息，其本质仍是在刻画创新主体层面共同合作或者转让创新使用权力，对更细一步的技术上的关联刻画不足。

四、知识流动与知识运用能力

知识流动是经济地理学新近的研究热点，知识流动对产业或区域的重要意义已得到广泛的认可。在空间上，知识扩散环节表现出来的知识流动是有方向的，在知识扩散汇聚成网络形态后，对于城市或企业而言就有了知识的流入与知识的流出两种方式，这对应的吸收能力和溢出能力则成为技术知识扩散环节中重要的两种能力。知识溢出和知识吸收能力是相互紧密联系的两种能力，对于城市或企业而言，知识吸收能力显然对提升城市或企业自身的创新能力产生直接帮助，而溢出能力的作用主要体现在对其他城市的帮助上，因而现有研究也多集中于对知识吸收能力的关注上（秦鹏飞等，2019）。而对两种能力进行区分有助于分析知识基础对技术创新的作用机理。

（一）知识扩散

"国家创新系统"强调知识扩散是知识创新中的重要组成部分，即创新的过程可分为知识生产、知识扩散、知识应用（Edquist，1997）。一方面，知识经济时代，技术创新的各环节多涉及不同主体间的交互学习，并且技术创新得益于这种交互作用，而这在技术创新的知识扩散环节得到了充分体现；另一方面，技术创新与技术竞争力不仅取决于生产或者积累了多少知识，更取决于对可调动的知识资源的利用方式和应用效率（OECD，1996；PSASR，2008）。因而关注知识扩散环境对技术创新具有重要意义，甚至知识扩散与知识生产具有同等重要的地位（李正风，2011）。

知识扩散在产业、区域层面对于创新的积极意义已受到了较多研究的认可。刘金涛（2019）的研究指出以创新结网形式实现的知识扩散对创新的最终产出具有显著的积极作用，周灿（2018）对中国电子信息产业集群的研究中，也支持了以创新结网形式体现的集群内部和集群之间的知识扩散对集群创新具有积极作用。而各种关联通道是技术扩散的载体，现有对知识扩散的研究中，基本集中在对各类形式网络的分析上，如企业网络（常西银、孙遇春，2018）、合作网络（曾刚等，2018）、学术论文引用网络（刘桂琴，2018）等，多维邻近性对知识扩散的作用也受到重视（刘承良等，2017；毛琦梁、王菲，2018）。

（二）知识吸收能力

区域的知识吸收能力具有重要意义。从区域或企业角度来看，知识来源于内部与外部，最终在内外部的知识交流中能否推动地区的创新与地区或企业对创新知识的吸收能力息息相关。Cohen、Levinthal（1990）指出吸收能力的价值在于发现并利用外部新知识，并最终通过市场化来实现其价值。吸收能力应当包含识别、消化、应用三个过程，通过三个过程对先前有关知识和经验进行利用和吸收转化，最终促进创新绩效（Cohen and Levinthal，1990）。相关研究表明，吸收能力越强，往往会使企业或者区域更具有创新能力，并对创新绩效具有显著的积极影响（Zahra and George，2002；Mancusi，2008；张莉侠等，2018），如赵莉、胡逸群（2018）在研究中国制造业15个行业受外商直接投资（FDI）的影响时发现，外商直接投资能够带来技术上的知识溢出并促进创新能力成长，而在此过程中，吸收能力扮演着重要的中介作用。

Van den Bosch等（1999）提出的吸收能力与知识环境共同演化模型则强调了吸收能力并非是一个单向的过程，知识环境能够对吸收能力产生反作用力，知识环境与吸收能力之间可以实现螺旋上升的相互促进作用（见图2－6）。

吸收能力往往受自身知识基础、距离等多方面影响。Baruffaldi、Raffo（2017）认为距离上的接近能够影响对类似技术敏感程度，因此邻近地区对本地知识的吸收能力要比较远地区强。何爱、钟景雯（2018）研究发现公司的研发投入有助于增强公司的吸收能力，所以中国企业在推进国际化过程中，需要重视母公司的研发投入。曾刚（2018）从技术邻近和认知邻近的角度解释了对所需要接收的知识而言，具有相似知识基础地区拥有更好的吸收能力。吸收能力对地区或企业的重要性不言而喻，在知识流动加速的当代，吸收能力影响着地方或企业对知识的利用效率，在一定程度上决定着地方或企业在知识交流中是否能够占据优势。

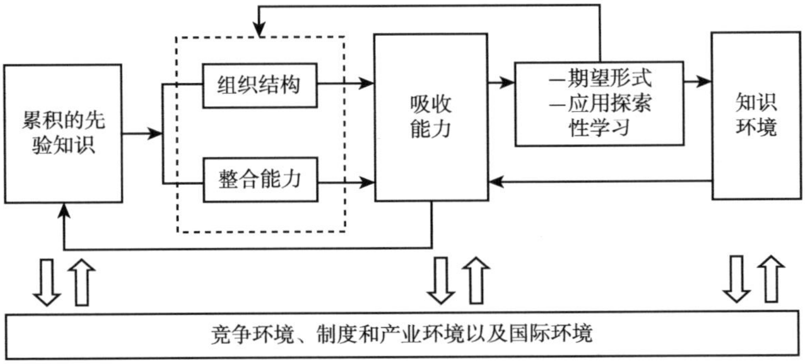

图 2－6　Van den Bosch 的吸收能力模型

资料来源：Van den Bosch（1999）。

（三）知识溢出能力

知识溢出能力与企业或地区自身的知识基础属性具有较大关联。一般而言，知识基础越雄厚的创新主体，越容易在联系网络中成为核心节点，从而占据联系网络中的核心位置，而地区的内外交流中起到枢纽作用的“技术守门员”角色通常由知识基础雄厚的创新主体充当。因此，知识基础越雄厚，其知识溢出能力越强，知识基础与知识溢出能力间存在着正相关性（宓泽锋、曾刚，2017）。马双（2016）的研究也显示了研发投入越大，知识溢出的能力越明显，说明创新主体自身知识基础越强，知识溢出的倾向性越大。但也有学者提出了不同的观点。Grillitsch 和 Nilsson（2017）利用 2005—2011 年瑞典的微观数据，分析了在公司和地方层面上内部和外部力量之间的相互作用是如何塑造外部性的。他们的研究发现，企业知识强度和本地知识溢出呈负相关。知识密集型公司倾向于通过与远距离合作伙伴建立知识获取渠道来弥补当地知识溢出的不足，在此过程中，内部知识基础水平较低的公司更容易从本地的溢出效应中获益，因为它们较少受到知识外部性（例如知识泄露和人才流失）的负面影响，也不太能利用全球网络。简而言之，Grillitsch 和 Nilsson 的研究显示，公司或地方自身的知识基础会对知识的吸收有影响，且知识基础越强的创新主体可能在知识交流中获益越少，对知识溢出的意愿越低。

从技术权利角度解读知识溢出能力是一个新的视角。赵建吉（2011）从创新网络视角研究了网络内部知识流动的机理。赵建吉认为，高势能企业在创新网络中充当“技术守门员”角色。一方面，高势能企业可以优先从外部技术知识源中获取知识，进而加强自身创新能力；另一方面，高势能企业在内部创新网络中占据着网络核心地位，将知识溢出至低势能企业。而低势能企业同样能够将知识通过网络的形式传导向高势能企业，形成循环。在创新网络中，高势能企业在技术权利上占据优势，具有更强的知识溢出能力（见图2－7）。

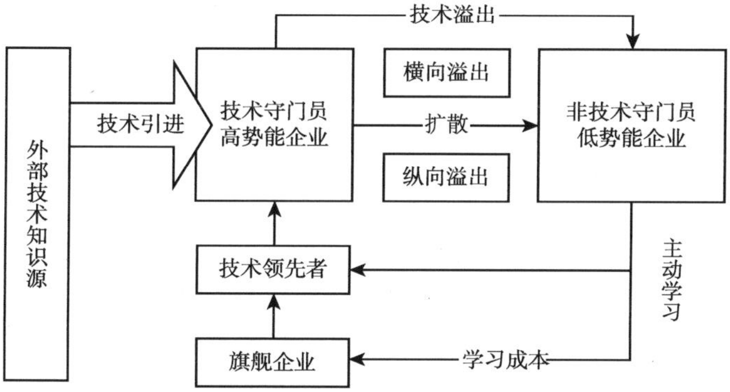

图2－7 创新网络中的知识流动

资料来源：赵建吉（2011）。

当前对知识溢出能力的专门讨论和研究还相对较少，对于新技术发展过程中创新主体的溢出能力、意愿和机理上的探讨仍显不足。

第三节 本章小结

通过对经济地理学领域关于知识基础与技术创新关系的文献梳理，我们可以发现知识基础与技术创新的关系探讨是学界探讨的重要问题。整体而言，知识基础对技术创新的影响机理有待进一步探讨，不同的知识基础与不同的技术创新构成复杂的对应关系，因而有必要基于知识基础类型和技术创新环节进行分类探讨。文献综述显示，经济地理学学科对知识基础与技术创新关系的研究成果日益丰富，本书认为以下几点还需要继续探讨。

（1）有必要从相关性角度对知识进行细化分类。根据知识的属性进行分类有助于认识不同知识的特征，包括显性知识、隐性知识的二分法，解析型知识、合成型知识、符号型知识的三分法或者科学知识、技术知识的划分均有助于区分不同知识的特征与作用。但我们应同时注意到，同类型的知识基础也并非对技术创新具有相同的影响。演化经济地理学中，多维邻近性中技术邻近、认知邻近等概念的提出均建立在两者具有一定关联的基础之上，“区域产业分叉”也强调技术上的关联性会带来知识溢出上的倾向性，相关性是学科中很重要的概念。Frenken 等提出的“相关多样性”假说已经成为演化经济地理学研究热点（王俊松，2016）。因此，从相关性角度对知识基础进行相关知识基础与无关知识基础的划分是有必要的，特别是学界对无关知识基础作用的讨论极少，对相关知识基础与无关知识基础的作用进行深入探讨有助于丰富当前研究。

（2）应当关注不同类型知识间的组合作用对技术创新的影响。已有较多研究探讨了不同类型知识与技术创新的关系，而当前“知识协同”等概念被提出和强调（王文华等，2018），不同知识间是否能够实现协同作用值得研究。较多研究已表明创新的过程通常依靠多种类型知识来实现（Manniche，2012；Tödtling、Grillitsch，2014 ；Martin、Moodysson，2011）。不同类型知识的交互可能会帮助企业实现技术创新的瓶颈突破和领域拓展（Zukauskaite、Moodysson，2016），甚至能够对新的技术路径创造产生重要帮助，减少锁定风险（Strambach、Klement，2013）。因此，在研究知识基础与新技术创新的关系时，我们应当关注不同类型知识间的组合作用对技术创新产生的影响。

（3）在知识流动背景下，需要注重对地方知识运用能力的探讨。知识是创新的重要基础，而地方对知识的吸收能力直接影响地方在知识流动中能够获得的益处。知识溢出能力则是与知识吸收能力互补的能力，也是城市发挥对其他地区影响的重要能力，应当辩证地看待两者间的关系。知识经济时代，对知识的运用能力是推动区域技术创新的重要能力，因此在关注技术知识产出的同时，我们应当将知识运用能力同样作为重点进行研究探讨，这对认识城市技术创新的科学规律具有重要意义。

（4）有必要基于演化视角，动态看待知识基础与技术创新的关系。新技术的发展是阶段性的，基于生命周期理论，新技术的发展过程也是一个技术由“新”逐渐向“旧”转变的过程。演化经济地理学关注现象的动态过程，包括技术、企业、产业、集群在内，在不同阶段均会表现出不同的特征，以及各种邻近性的效果也会出现变化。理论上，新技术发展早期，技术发展迅速、变化较快，其动态变化特征会格外明显。因此，从演化视角关注知识基础与新技术创新的关系是有必要的。

（5）基于技术关联的新技术创新空间特征的研究及影响分析有待展开和推进。在当前研究中，创新关系的刻画多建立在产业链联系、创新合作、企业合作、产业合作等基础之上，毋庸置疑这些分析均具有重要价值，但这些联系并不能精确刻画技术发展过程中的技术间关联性。对新兴技术而言，其整体的产业化尚未完成，因而开展直接基于技术间关联的分析是极为必要的，这对理解新技术知识在空间上的表现、影响因素以及总结归纳知识基础对新技术创新的影响机理具有重要意义。由此，本书研究以尚未进入大规模商品化阶段的燃料电池技术为例，结合发明专利的“引证—被引”关系数据，对该问题进行深入探讨。

第三章

知识基础与技术创新关系的理论基础

知识基础与技术创新的关系是当前研究的重要议题，而新技术具有极强的特殊性，以新技术的发展为研究对象具有特殊意义。经济地理学者对于两者关系阐述的相关研究主要集中在知识基础与新技术创新的观点争议、两者关系的动态性以及知识基础对创新影响的相关理论等三方面。其一，经济地理学传统理论“区位机会窗口”与“区域产业分叉”对知识基础与新技术创新关系提出了迥异的看法；其二，“生命周期理论”“路径依赖与路径创造”等理论阐述了知识基础与技术创新之间的关系可能会随时间变化；其三，“知识基础观”“相关多样性假说”“区域创新系统”“协同创新理论”等理论为知识基础对技术创新的影响提供了基础支撑。基于上述理论分析，最终提出本书的分析框架。

第一节 知识基础与新技术创新关系的争论

演化经济地理学中，“区位机会窗口”与“区域产业分叉”理论对新产业的区位选择问题提出了不同的观点。“区位机会窗口”理论强调新兴产业的形成在区位上相对“自由”，能够为落后地区带来新的发展机遇；而“区域产业分叉”理论则强调了包括技术相关性、地理邻近等要素会影响着新产业的形成。“区位机会窗口”与“区域产业分叉”争论焦点是产业在空间上的集聚与扩散问题，新兴产业是受已有的知识格局影响，还是会因偶然事件在空间上出现扩散后再集聚？而该理论问题争论的本质是对构成新兴产业核心竞争力的新技术创新与地方基础之间的关系争论（Tanner，2015）。“区位机会窗口”与“区域产业分叉”理论的后续发展也多从新兴技术的创新形式与地方关联的角度对新兴产业的区位问题进行具体解释。从而，本书直接关注新兴产业中最为核心的新技术创新与地方知识基础之间的关系问题，并聚焦于探讨技术之间的直接关联，形成对该理论争鸣的回应。

一、区位机会窗口

“区位机会窗口”理论旨在解释新产业在落后地区兴起从而带动落后地区崛起的现象。Scott、Storper（1987）首次提出了“区位机会窗口”的概念。此后，就“第三意大利”崛起现象，社会经济学家 Arnaldo Bagnasco 首先提出了“第三意大利”的概念，主要原因是 20 世纪 70 年代意大利出现了三个具有较大差异的区域：“第一意大利”为经济发达的意大利西北地区，但其在 20 世纪 70 年代经济面临着重重危机；“第二意大利”为当时在意大利处于落后地位的意大利南部地区；“第三意大利”是指意大利的东北部和中部，其主要特征为经济的快速崛起，而这一现象被称之为区位机会窗口被打开（秦岩，2007）。根据“区位机会窗口”理论的阐述，在新的技术兴起的情况之下，领先地区和落后地区都会面临重大的发展机遇，即区位机会窗口均可能在发达和落后地区打开，Boschma 等学者运用“区位机会窗口”理论对相关情况进行了解读。Boschma、Van（1994）认为，之所以“区位机会窗口”现象会出现，跟新的高技术产业的三个特点有重要联系：第一，新的高科技产业具有高不连续性的特征，因为新的高技术产业对其依托的生产环境提出了不同的要求，则其可能倾向于在具备更适合的生产环境的地区形成并发展；第二，由于这种生产环境上的不匹配性和产业发展上的不连续性，新的高科技产业需要依靠其自身创新、创造能力的营造，或者吸引对自身产业发展有利的生产环境或生产要素来实现发展，这种创造能力可以进一步弥补在地方要素上的缺乏以及不连续性；第三，“区位机会窗口”理论中提到，偶然事件可能对新兴产业的发展产生重大影响，而偶然事件同样具有不确定性。因为能够把创造过程发动起来的潜在有利资源在哪里不可预测，而这些有利资源能够为地方后续塑造良好生产环境带来极大帮助。因此，可能并不在一个工业阶段上的地区，在新的高技术产业的发展初期各地区或多或少被认为拥有相对平等的地位来发展高技术产业。分析结果显示，20 世纪 50 年代的产业结构和低成本、灵活的劳动力可能是“第三意大利”地区特定类型工业发展的主要原因。

后续研究从技术创新形式上对“区位机会窗口”理论进行了进一步解释。新技术更容易打开“区位机会窗口”的重要原因是新技术的发展多依赖于激进式创新推动。将技术创新区分为渐进式创新和激进式创新已经受到广泛认可。渐进式创新是持续性的，并且从技术轨迹上而言是累积的（Freeman，1994）。渐进式创新多发生在公司内部或者彼此紧密相连的集群内，因此被认为受到已有经济活动模式的强烈影响。换句话说，产品和流程的渐进式变化发生在企业所在区位当中，往往由实践学习和使用机制推动（Tanner，2015）。相反，激进式创新常常为全新的产品或工艺奠定基础，产生范式变革（Dosi，1988）。激进式创新具有不连续性，被认为有潜力打破现有产业与企业格局，并催生出新产业或新公司。同时，异质性知识信息被认为对激进式创新起到显著促进作用（王永健等，2016）。正由于此，激进式创新也被认为是导致经济、技术体系不连续性和环境不稳定性的重要因素。因而，在激进式创新的早期阶段，技术的不确定性非常高，并且激进式技术需要多年的发展和改进。反映到知识搜索的尺度上，本地知识搜索对激进式创新的意义较小，而远距离的知识搜索影响更加显著（王建平、吴晓云，2017）。

值得注意的是，作为“区位机会窗口”概念提出者之一，Storper 等认为区位自由是有限的，未经历过工业化的地区仍旧难以把握新技术或新产业的发展机遇，但他们总体上认为新技术的产生区位具有高度的空间不确定性（Storper and Walker，1989）。Boschma 和 Van der Knaap（1997）以及 Boschma 和 Lambooy（1999）提出了对“区位机会窗口”的改进，认为新技术发展的空间不确定性仅限于拥有有用和有益通用资源的地区，比如大学、研究院所、基础部门和基础设施等。Boschma（1999）等分析了当地劳动力和知识机构对英国和比利时新创新集群出现的影响，结果显示的确存在正向影响。

总体上，“区位机会窗口”认为一项重大技术的产生以及重要的政策、市场等因素可能会推动新技术、新产业的产生及后续发展，以这些偶然的引发因素为基础，可能会引发区域后续的系列重大创新，进而最终实现区位机会窗口的打开，因此在区位上新技术或产业的产生格局会相对自由。

二、区域产业分叉

Frenken 和 Boschma（2007）运用“区域产业分叉”的演化过程来比喻说

明新兴产业可能来自一个地区内现有的产业结构。当一个新行业从现有行业中涌现出来，或者当行业和研究领域相契合的知识和能力集中在一起并导致一个新行业的产生时，区域产业分叉就会发生。“区域产业分叉”的概念建立在经济地理学领域的两个概念之上：第一，知识倾向于溢出在空间上接近的地区，即地理邻近对知识溢出存在显著影响，而不是在全球范围内。一些地方机制，如企业多元化、企业家分流、劳动力流动和社交网络等被认为会引起当地的知识溢出，导致区域产业分叉（Boschma and Frenken，2011；Tanner，2014）。这些地方机制的共同特点是能够充当现有工业向新兴工业转移知识的地方渠道。第二，特定领域知识的积极外部效应更可能扩散到在同一领域的第三方当中（Antonelli，2001）。本地知识共享和转移通过各部门之间的“技术关联性”得到增强，技术相关性被认为是认知邻近与距离之间的适当平衡（Tanner，2015）。

“区域产业分叉”已经在一些研究中得到了实证支持。以前的研究表明，地区通常沿着相对连贯的技术道路发展。Neffke 等（2011）研究了瑞典是如何沿着一条连贯的工业道路进行发展的，结果显示那些进入该地区的新产业往往与区域产业结构相关性高。Klepper 和 Simons（2000）的研究表明，美国的新行业——电视接收器行业是由之前生产收音机的公司主导的，并逐渐形成了行业寡头。他们的研究表明具有丰富经验的广播公司更容易进入电视制造业，因为他们拥有更高的创新效率、更大的市场份额和更长的生存期，这表明电视产业的发展演变受到以前相近行业从业经验和技术的影响。Boschma 和 Wenting（2007）证实，由相关行业衍生的与区域知识基础相关的技术在英国汽车工业的本地化过程中起着重要作用。这些研究总体上探讨了区域路径依赖的过程（Martin and Sunley，2006；Colombelli et al.，2014）。Heimeriks 和 Boschma（2013）研究了生物技术的创新情况，他们将城市区分为知识生产增长缓慢和快速两大类，发现增长缓慢的城市中新的部门和现有的部门相关性较低，而高增长率的城市中新部门和现有的部门相关性较高。Tanner（2011）以经济合作与发展组织（OECD）36 个国家 2010 年的数据对燃料电池产业进行了实证分析，发现即便是以激进式创新为主的新技术创新也会受到与地区知识库技术关联程度的影响，关联程度越高，越容易吸收其他地区的知识溢出，进而推动地区的产业发展。

“区域产业分叉”的相关研究更加肯定了技术上的关联性以及地理邻近对新技术创新的影响。新技术的创新表现在空间上会具有更多的路径依赖特性，并且出现空间上的“锚定”现象。

第二节 知识基础与技术创新关系的动态性

知识经济背景下，一个区域的竞争优势主要取决于创新能力的强弱。而地区的知识基础、专业化程度和技术的相关性程度以及创新政策环境等都为知识的产生和扩散提供了基础条件。但是，这一过程是动态演化的，是有路径可依的，在区域发展的不同阶段中，技术发展、知识扩散的机理等均呈现出不同特征。区域经济的发展遵循路径依赖规律，新技术进入、根植和成熟的演化过程尽管受到偶然因素影响，但其规律和机理绝非偶然性的。因此，从演化视角去看待新技术与地方知识基础的关系是有必要的。

一、生命周期理论

在过去几十年的发展中一些老工业区衰退了，而有些地区蓬勃发展或演化变迁，甚至还有一些地区崭露头角，刚刚开始形成。Brenner（2004）、Belussi（2009）、Feldman（2007）等学者针对这种区域动态变化规律提出了产业生命周期理论。通常来说，一个地区的生命周期主要分为三个阶段：起源、发展和成熟（见图3－1）。本书研究的主体为新兴技术，我们重点关注其起源和发展阶段。

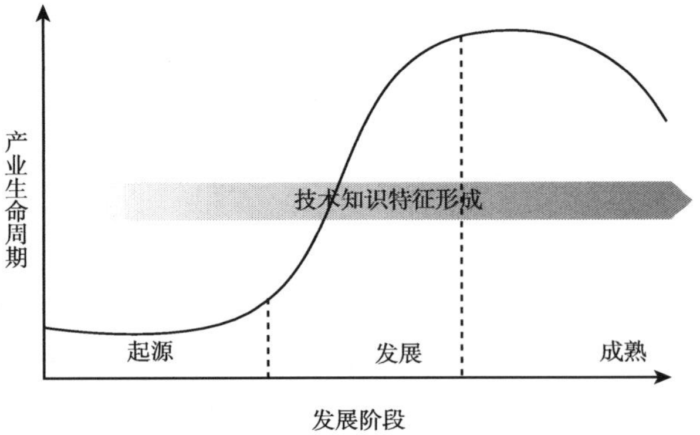

图3－1　产业生命周期阶段划分

资料来源：根据Brenner（2004）、Belussi（2009）、Feldman（2007）的研究整理而得。

在起源阶段，一个地区的产业特征尚未显现，即机构、知识和资本的本地条件都尚未成型。Brusco（1986）提出这一时期，地区产业的发展主要依赖本地知识、资本以及当地文化的历史积淀。这就使产业初期的发展往往并不取决于产业特性，而是更多地受到创业与合作地的影响。许多研究都表明这是新兴产业发展的先决条件。

在发展阶段，本地的内部知识和资本逐渐增加和积累，并出现一些特定的创新主体。我们可以观察到，这一阶段创新主体之间的互动促进了良性发展的进程，其特点是本地资源和资本的扩张及多样化，知识流动与交互变得更加频繁（Mudambi，2012）。本地范围内主体间知识交流较多，这会造成新企业或者技术发展受到本地知识基础的影响较大，在发展过程中创造出更多相关技术的同时也会丰富知识的异质性。

在成熟阶段，增长率逐渐放缓，本地根植性加强，本土公司成为主导。隐性知识逐渐被编撰而成为可编码知识，本土企业保持着更强的创新能力，但激进式创新大大减少。这一阶段知识会发生重组和再生的变化，可能导致产业结构和创新能力的过渡与改变。

随着演化经济地理的兴起，产业生命周期理论也由主流经济学研究范式转向演化范式。微观视角获得重视，从企业、技术的微观视角出发对处于生命周期中不同阶段的产业演化影响机理展开研究探讨具有重要意义。新兴产业中的技术创新活动受到资料获取局限性的限制，相关研究也相对匮乏，Porter（1980）提出新兴产业相对于已成熟的产业具有更强的不确定性与复杂性，新兴技术同样如此，对这一领域的研究探讨是对生命周期理论的重要应用和补充。

二、路径依赖和路径创造

David（1985）和Arthur（1989）提出路径依赖的概念，并将其定义为渐进式的自身历史演化过程。依据David（1985）的模型，新的技术路径是由“历史条件”“偶然性事件”或者“随机”行为开始的。随后，路径依赖的初始事件被“网络外部性”催化或通过动态规模效应被逐渐“锁定”为发展途径。该模型的最后一个特征是，一旦锁定发生，就会使技术、行业、机构或工业区的发展模式持续不变，直到被“外部冲击”中断为止。Vergne和Durand（2010）对该模型进行了改进，将狭义路径依赖定义为在偶然性和自我强化两个条件下的一种具有随机特性的进程，这一进程会在没有外部冲击的情况下自然锁定（见图3-2）。

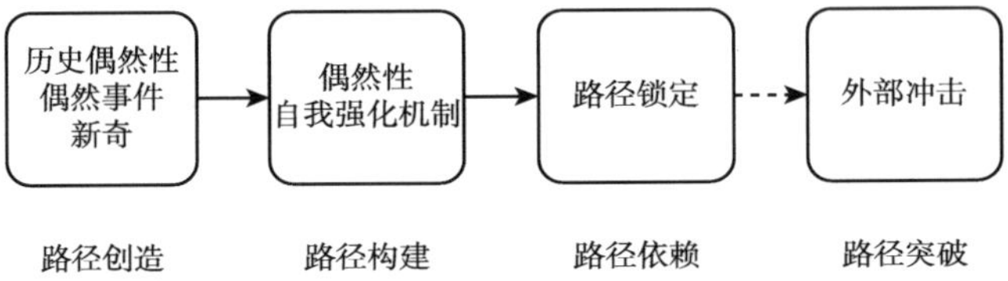

图3-2　路径依赖的基本模型

资料来源：根据David（1985）、Arthur（1989）、Vergne和Durand（2010）的研究整理而得。

锁定是路径依赖模型中的核心概念之一。研究者认为低效的模式或欠佳的技术可能成为被锁定的条件，并可能持续相当长的一段时间。锁定概念强调了历史偶然事件与自我强化效应是结合出现的。路径依赖过程的另一个关键特征是“非遍历性”。路径依赖的产生是自身沿着历史路径发展而造成的结果，并且这段历史无法逆转。因此，早期的偶然事件和决策会在发展过程中持续强化，最终形成特定的路径。

路径锁定之后，区域往往需要通过路径创造来寻求突破。Garud和Karnøe（2001）采用社会学本体论为路径创造提供了另一种理论，认为任何新的道路创造理论都应该意识到知识型主体的重要性以及企业家在既定路径的“思想偏离”中起到重要作用。他们认为，企业创造了各种类型的新途径，并寻求通过谨慎的偏离来发展出新的路径。与此同时，区位机会窗口理论提出新兴产业对于其理想发展区域的选择具有较大自由性，因此新技术和新产业在何地进行路径创造可能受到偶然事件的影响。所谓的偶然事件可能包括区域政策环境、本地知识基础和本地文化条件等。区域路径创造的途径有很多，如通过引进国外的先进技术或知识、利用本地相关知识培育新兴产业和技术、通过知识的交互重组增强知识的异质性等方式实现突破。

认知邻近性也是演化经济地理中用于探讨路径依赖的重要概念。区域是创新活动的空间载体，以往的研究通常认为创新主体在地理空间上的集聚有利于促进隐性知识的产生和交换，面对面的互动在隐性知识的传播中会比编码知识更容易受到地理邻近性的影响。认知邻近则意味着两个主体之间拥有相似的知识背景和知识结构，其知识交互会变得更加频繁和有效，对利用知识具有重要的帮助（Boschma，2005）。因此，认知邻近也能够促进相似知识和创新主体的共同进步，从而一定程度上增强了区域的路径依赖。

第三节

知识基础对创新影响的相关理论

知识基础观认为知识是创新的核心要素，获取、整合、应用相关知识是促进技术创新的“核心能力”。而“相关多样性”假说则论述了多样性并不一定对创新有益，相关多样性才能对技术创新产生显著的促进作用。“区域创新系统”强调了本地创新主体间的紧密合作对创新的重要促进作用，本地的合作网络能够实现创新知识、信息的流动与共享，促进创新产生。“协同创新理论”则强调知识增值是协同创新的核心价值所在，知识整合是协同创新的本质。

上述理论支持了知识基础对技术创新具有重要意义，认为不同知识基础间的交互作用同样可能会促进技术创新。因此在探究知识基础对技术创新关系时，我们应关注不同知识间的交互作用可能产生的影响。

一、知识基础观

20 世纪 80 年代，学者们对企业的关注开始由外部因素转到内部，认为企业是异质性资源、能力等的集合体，企业的竞争优势就建立在上述资源以及能力的特性之上，即资源基础观（Barney，1986；Barney，1999）。20 世纪 90 年代，学者们讨论的焦点逐渐从企业的战略性资源转移到企业间的知识资源，是知识基础观形成与发展时期。知识具有隐喻性特点，最早提到“默会知识”的是迈克尔·波兰尼，他于 1966 年将“知识”划分为显性知识和隐性知识。1994 年，Nonaka（1994）将这一概念引入管理学领域，并把企业知识分为形式知识和暗默知识两类，形式知识可以用符号进行编码，暗默知识的传播只能通过观察和意会的方式。Grant（1996）提出了知识基础观的前提条件，即知识可转移性、可聚合性、专属性、专业化和生产属性。

在此基础上，学者们对知识基础观/理论进行总结。Spender（1996）提出企业是一个动态的、进化的和半自治的知识生产和应用系统，“知识基础观”

是对社会基础系统理论和自我调节的生物系统的综合。罗珉（2007）认为知识基础观是企业主要建立在促进其“核心能力”的基础上所形成的，这需要从组织间关系中获取互补性知识、信息和资产；企业的一个重要职能就是建立、应用并整合相关知识，提供产品和服务的附加价值。周长辉（2011）指出个体员工是知识转换和创造的根本载体和主体，一个企业必须通过有秩序的组织过程使个体携带的隐性知识成为组织价值创造的基础。杨菲（2018）在Barney（1991）研究的基础上对知识基础观作出归纳——知识具有价值性、稀缺性和难以模仿性，企业通过知识积累、整合和重组等过程创造新知识，建立独特的知识库并不断完善，进而为企业创造长期的竞争优势。

马德辉（2007）在对“创新”知识深入理解和把握的基础上，提出了创新“知识基础观”。他认为，创新是建立在知识基础上的创新，知识创新是创新的核心和灵魂，“知识创新”是解释组织成长、发展和获取竞争优势的重要机制之一，并指出创新“知识基础观”是“知识基础观”和“创新理论”交叉研究的产物（见图3－3）。“知识创新”是创新“知识基础观”的核心，知识创新包括创造、转化和商品化3个维度。知识创造作为知识创新的首要环节和重要阶段，主要基于隐性知识和显性知识社会化的相互作用，在这一作用过程中吸收能力尤为重要。Cohen和Levinthal（1990）指出，吸收能力是识别、评价、消化及商业化应用外部知识的能力。近年来，学者们对吸收能力的研究，已由静态视角转变到动态视角，并且越来越关注外部知识环境与吸收能力之间的相互作用。Cohen和Levinthal（1990）认为吸收能力具有知识积累性和路径依赖性，并从社会认知角度构建了吸收能力模型。

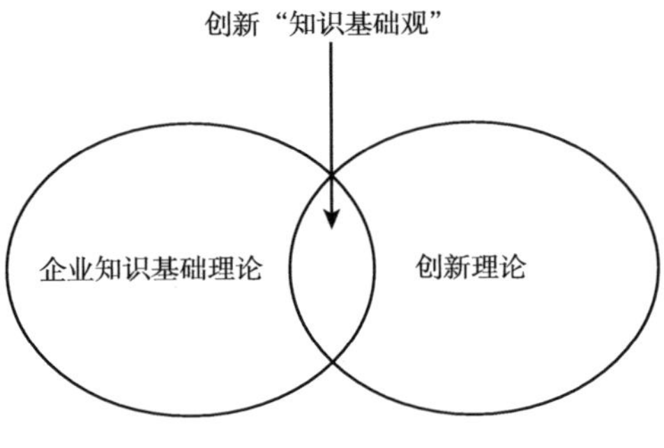

图3－3　创新“知识基础观”示意图

资料来源：马德辉（2007）。

当前诸多研究也依据知识基础观对创新进行了研究。刘洪伟和冯淳（2015）从知识基础观的视角对技术并购模式与主并企业创新绩效间的关系进行了实证研究，发现在技术并购中，技术知识基础深度与主并企业并购后的创新绩效呈倒U型关系，而技术知识基础宽度与创新绩效呈“U”型关系。王凯（2018）通过融合知识基础观和动态能力理论，从知识整合能力和动态学习能力两方面，构建企业创新资源整合能力形成机理的集成分析框架来分析企业如何通过构建高效的知识流动和有效的合作网络来提升企业的创新能力及创新绩效。杨婷（2018）整合组织控制理论与知识基础观，构建了“组织间控制——合作伙伴知识转移——新产品创造力”的作用路径，并引入吸收能力理论进行研究，发现在企业消化能力强的情况下，隐性知识转移的中介作用更加显著，而企业转化能力强时，显性知识转移的中介过程更容易实现。整体而言，知识基础观已经成为研究创新问题的基础理论之一，并且知识基础对技术创新的重要作用受到了广泛的认可。

二、相关多样性假说

创新通常被认为是区域发展的关键因素，能够促进生产力增长并创造就业。由于知识的创新过程通常是利用了当地的知识（Breschi and Lisson, 2009），区域发展本质上是一个具有强大路径依赖性的内生过程（Rigby and Essletzbichler, 2006）。从产业层面的知识整合而言，一个地区产业部门的构成将影响地区技术变革的速度和方向（Ejermo, 2005）。在这种情景下，相关产业越多，越容易形成知识溢出。从企业层面来说，Nooteboom（2000）强调公司的决策者认知能力有限，这限制了他们识别和利用现有知识基础或者潜在知识的能力。因此，多样性本身可能并不能直接支持创新。

Frenken 等（2007）首次提出“相关多样性”的概念，认为相关多样性是现有的知识溢出行为以及创新重组的重要基础，相关多样性最终能够有效地刺激生产力和推动区域发展；而无关多样性则不利于区域间产生知识溢出，对创新没有显著作用，但对区域抵御外部环境变化产生的风险具有一定作用。Frenken 的“相关多样性”假说推动了大量关于相关多样性对技术创新、生产力增长和区域发展的研究（Boschma et al., 2012; Hartog et al., 2012），成为经济地理学领域的热点议题，实证结果表明，相关多样性的确能够起到显著的积极作用。

最新研究证实了相关多样化的优势。从区域层面来看，与该地区现有产业相关的产业更有可能进入该地区，并在该地区健康发展（Essletzbichler, 2015; Cortinovis et al.，2017）。当技术在当地具有一定基础时，与之相关的新技术也更加容易在当地出现（Boschma et al.，2015；Feldman et al.，2015；Rigby 2015；Montresor and Quatraro, 2017）。这些研究表明，相关多样化在很多地区的发展中表现出了极强作用，因为这些与当地基础相近的新产业或新技术更接近于当地的能力，可以更为有效，并且以较少成本来利用当地的基础（Saviotti and Frenken, 2008）。

关于相关多样化探讨的焦点在于相关活动需要相似的能力和资源，而相关多样性能够帮助提升资源利用效率并更好地利用地方能力（Boschma, 2017）。简而言之，与区域中现有的产业相关的新产业更有可能出现，因为相关性强意味着企业家可以更好地利用现有的区域基础。Xiao 等（2018）认为产业关联与新产业产生之间的联系逻辑是清晰的：（1）新行业需要本地提供相关知识和技术来发展；（2）在相关行业存在的区域，相关知识和技术的可用性可能会更高。Hidalgo（2015）的研究指出本地产业与本地的知识和技术之间存在相互依存关系，支持了这一观点。Hidalgo 认为“知识和技术需要行业的存在，就像行业需要知识和技术的存在一样”。由此可见，技术创新与产业发展是辩证统一的，而相关多样性既会对新的产业发展产生影响，也会对新的技术创新产生影响。

Frenken 提出的“相关多样性”假说为研究本地知识基础与创新关系提供了重要的视角。但在提出的相关多样性框架中，他认为“无关多样性”并不会促进知识溢出，也不会显著促进创新，仅对提升区域抗风险能力有帮助。而当前研究也多集中在探讨“相关多样性”对技术、产业和区域发展的影响，而往往忽视“无关多样性”的作用。Dosi（1982）提出激进式创新往往来源于不相关的技术；从长远看，全新的行业可以从激进式创新中脱颖而出（Saviotti and Frenken, 2008）。从现实中来看，创新能力强的城市往往是多种新兴技术和产业发展的集聚地，这并不能仅由相关多样性的作用来解释。因此在对新兴技术与知识基础的关系讨论中，在重视“相关多样性”作用的同时，有必要重视并探讨“无关多样性”起到的作用。

三、区域创新系统

区域创新系统被认为是区域内部多个行为主体间相互关联的创新系统，由于区域内行为主体面临外部刺激源的刺激，随着时间的推移大量行为主体产生相互联系，日渐成为一个紧密的关联系统。在区域创新系统内，创新并非单一的企业内部行为，而是系统内部创新主体的共同作用结果，通过内部联系的不断强化、共同行为准则的建立和互利互信，创新逐渐具有包含企业、大学、政府、金融部门等创新相关主体互利合作的社会属性。基于特殊的社会文化背景和地域基础，创新主体间形成了包含研发创新、集体学习等群体性行为，而这些行为也在重塑当地的社会文化环境。

马双（2017）总结了区域创新系统的相关概念，认为区域创新系统主要包含五个概念：区域、创新、网络、学习和互动，这五个概念是相互联系和相互促进的。简单而言，区域概念是指中观层面的政治单元，区域的固有属性决定着地区必然拥有某些共同的文化或历史，并且区域或多或少具有干预地方经济行为和创新行为的能力，如政府具有法律上的权利去实施某些地方政策。创新概念则是区域创新系统的核心输出量。网络的概念是指创新主体间为扩大共同利益而进行基于互利共赢、相互信任与合作而形成的相互联系。这类相互联系非常重要，通过合作、学习等方式产生的网络能够推动促进集体行为的产生和发展，随着时间和创新主体的变化网络也会随之变化。学习概念对区域创新系统整体能力的增强具有特别重要的意义，随着不断学习，新的知识、技能等将会嵌入到系统内，而旧的知识、技术被逐渐淘汰（Johnson，1992），这推动了区域创新系统内部的知识更新。互动概念则是区域创新系统内部交流的重要方式，通过互动才能完成系统内部创新主体的相互学习、联系和合作等一系列交互行为，从而使区域创新系统内部的各部分连通起来，参与个人或集体的活动。

Cooke（2002）首先提出了区域创新系统的一般分析框架（见图 3－4）。Cooke（2002）认为知识生产与扩散子系统、知识应用与开发子系统是任何区域创新系统中都必不可少的两大子系统。知识应用与开发子系统的核心主体是企业，而知识生产与扩散子系统的核心主体是大学、研究院所和地方机构等公共组织，并且两大子系统可能会有部分重叠，如跨国公司多具有自己的研发部门，它们既是知识的应用者，也是知识的生产者，同时属于知识应用与开发子系统、知识生产和扩散子系统。区域创新系统内的知识应用与开发子系统中，以企业为中心存在着水平结网和垂直结网两种结网形式，水平结网主要是企业与同行进行结网，垂直结网则主要是企业与其供应商进行结网。根据实际情况的不同，不同政策对企业水平结网、垂直结网的侧重会有所不同。在知识生产与扩散子系统中，包括技术培训组织、地方政府、公共机构和大学等均发挥着重要的作用。需要注意的是，系统内的主体联系是一个复杂的网络，并非单一的简单联系。

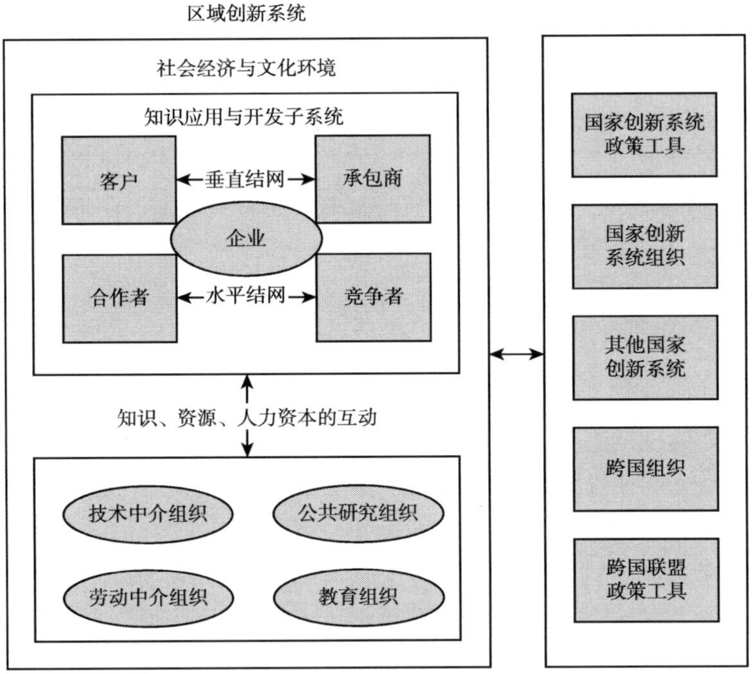

图 3－4　区域创新系统分析框架

资料来源：Cooke（2002）。

产业集群、知识间的互动与区域创新系统息息相关。一般而言，一个强大的产业集群中肯定会形成一个创新主体紧密联系的区域创新系统。诸多学者的研究显示，创新具有黏性，并依赖于特定的地区条件，区域内生因素、内部根植性和制度厚度等对创新起到了决定性作用（文婷、曾刚，2005；王缉慈，2011），而这也正是孕育区域创新系统的良好环境。从空间上来看，则会形成产业在特定地区上的集聚，形成产业集群。王秋玉、周灿、邹琳等学者的研究显示，石油装备工业、电子信息产业和装备制造业等产业均体现出产业集群与区域创新系统重叠的特征（王秋玉，2015；周灿，2018；邹琳，2018）。知识间的交互同样是区域创新系统中的一个显著特点。“三重螺旋”理论认为政府、大学和产业之间的相互作用能够促进地区整体创新的螺旋式上升（牛盼强、谢富纪，2009；Asad，2018）。不同主体间知识合作交流的本质是不同知识的结合，如企业通常被认为由合成型知识所主导，而大学则被认为是由解析型知识所主导，正是不同类型知识间的交互能够为创新增添新的动力，进而激发创新活力。

四、协同创新理论

美国麻省理工学院（MIT）的研究员 Peter Gloor 首先提出了协同创新的概念，他认为协同创新是一群拥有共同目标的人为了实现他们共同的目标而组织起来的一个合作网络，他们的研究成果、信息和创意等可以通过这个合作网络实现分享（Gloor, 2006）。Peter Gloor 与他的团队还就协同创新与集群、文化、组织等关系做了系列的探索研究（De Maggio et al.，2009；Gloor, 2017）。从形态上看，协同创新是一个不同主体相互联系实现知识交互的网络，而产学研协同创新是国内学者关注度很高的主题。2008 年 Etzkowitz 在其著作中提出了基于官产学的三重螺旋理论，认为产学合作是大学的第三使命（教学和研究是第一、第二使命），官产学之间的相互合作可以发挥各自长处，促进整体创新绩效的提升（Etzkowitz，2008），可见合作交互是不同主体间关系发展的趋势。产学研协同创新同样是一个优势互补的结果，在产学研协同创新中，实现技术创新是共同目的，一般而言企业是技术的需求方，而大学或科研机构在知识、技术生产开发上占据优势，以分工协作为基础便构成了产学研协同创新的网络（鲁若愚，2002），而产学研协同创新也符合国家的发展要求和知识经济发展的趋势（陈劲，2012）。

陈劲（2012）直接对协同创新研究进行了梳理，认为协同创新是在协同制造和开放式创新两个概念上提出的。协同制造利用了网络、信息技术等手段，促进了产品在供应链上中下游的精细合作，最终实现资源利用效率的扩大化。开放式创新则认为具有资源挖掘和整合能力的组织能够同时从内部和外部获取创意、人才等资源，从全球范围内整合创新资源，实现自身创新能力的提升。而协同创新相较于开放式创新和协同制造更为复杂。协同创新的核心要素是企业、大学和研究机构，辅助要素为政府、金融机构、中介组织、非营利性组织和创新平台等，核心要素与辅助要素协同互动，通过资源整合和紧密合作实现创新能力的增长。协同创新通过整合和互动两个维度来实现系统优化，整合维度指整合绩效、行动计划、资源和知识，互动维度指沟通、协调、合作和协同的演化过程（见图 3 – 5）。

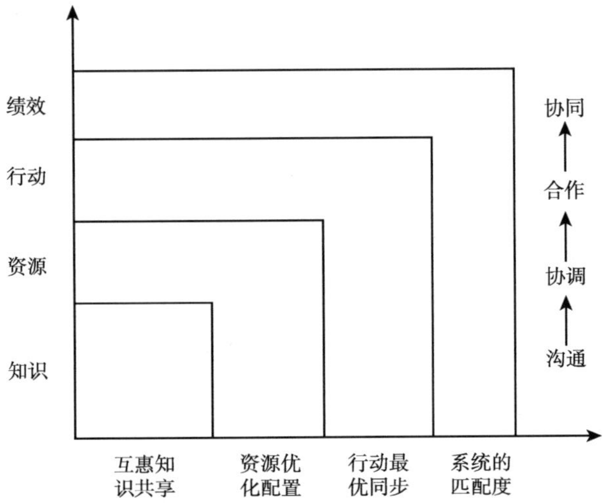

图 3 – 5 协同创新分析的两个维度

资料来源：陈劲（2012）。

协同创新的核心和目标是实现知识增值。知识增值是维系协同创新的基础，在知识经济时代，知识和信息具有极为重要的价值属性，知识的创造和增值、创新能力的提升是包括企业、大学、科研机构、政府和创新平台等在内的不同行为主体的共同愿景（见图 3 – 6）。

从知识协同角度开展对创新能力的研究占据着协同创新研究的重要地位。知识上的交流与合作在协同创新系统中占据着核心地位，为创新能力的提升提供了动力，李久平等（2013）更是认为创新主体间的知识整合是产学研协同创新的本质所在。不同类型主体间知识上的协同伴随着创新主体间的合作交流而产生，如大学和企业的校企合作，涉及不同类型知识的交互与结合（张艺等，2018），包括知识转移（董睿、张海涛，2018）、知识产权（郭韧，

2018）、知识利用（王璐，2018）和知识分布格局（刘承良等，2018）等均成为协同创新研究中的重要组成部分。

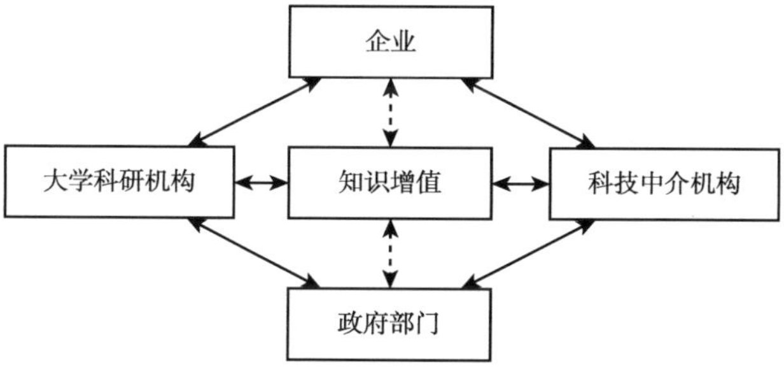

图 3－6　协同创新系统结构图

资料来源：陈劲（2012）。

第四节　本章小结

基于演化经济地理中“区位机会窗口”“区域产业分叉”理论对新技术创新与地方知识基础关系的争论，本书重点探讨新技术创新与地方知识基础之间是否具有显著关联这一问题。“区位机会窗口”理论强调新兴技术多基于在技术路径上具有不连续性的激进式创新，因此偶然事件对新技术的后续发展会产生重要影响，并在空间上展现出一定的自由度；而“区域产业分叉”理论则强调了地理邻近和技术相关性对新技术创新具有显著影响，在空间表现上显示出“锚定”现象。本书重点对该争论进行研究探讨，并最终对该争论进行回应。

在研究知识基础与技术创新间关系的过程中，“知识基础观”阐述了知识对技术创新具有显著影响，知识是创新的核心要素。“相关多样性”假说则阐述了知识与技术间的相关性能够促进知识基础对技术创新影响，而无关多样性的作用可能并不显著。“区域创新系统”“协同创新理论”均强调了区域内部不同创新主体间的交互协同会对技术创新产生显著的影响。本书依据技术间的相关性对知识基础进行分类，从技术关联层面探讨知识基础以及不同知识基础之间的交互作用对技术创新的影响。

根据生命周期理论，产业或者技术的发展具有不同阶段，在不同阶段会表现出不同的特征；而路径依赖描述的是产业、企业或者技术等在区域内部变化的过程。随着时间的推移，新技术在区域内部存在逐渐变化的过程，特别是新技术的发展过程是一个由“新”转“旧”的过程。相比较于成熟技术，新技术特性的变化是极为明显的，因此从演化视角对知识基础与新技术创新的关系进行探讨是有必要的。

本书从“区位机会窗口”与“区域产业分叉”的争论出发，基于“知识基础观”“相关多样性”“区域创新系统”“协同创新理论”的观点，从知识基础与知识基础之间的交互作用出发，探讨了其对技术创新的具体影响，进而借鉴“生命周期理论”“路径依赖与路径创造”理论，从演化视角对知识基础与技术创新的关系进行深入探讨。最终，通过分析结果来表现新技术创新对地方依赖程度的变化过程及其在空间上的表现，以此来回应“区位机会窗口”与“区域产业分叉”的学术争论（见图 3－7）。

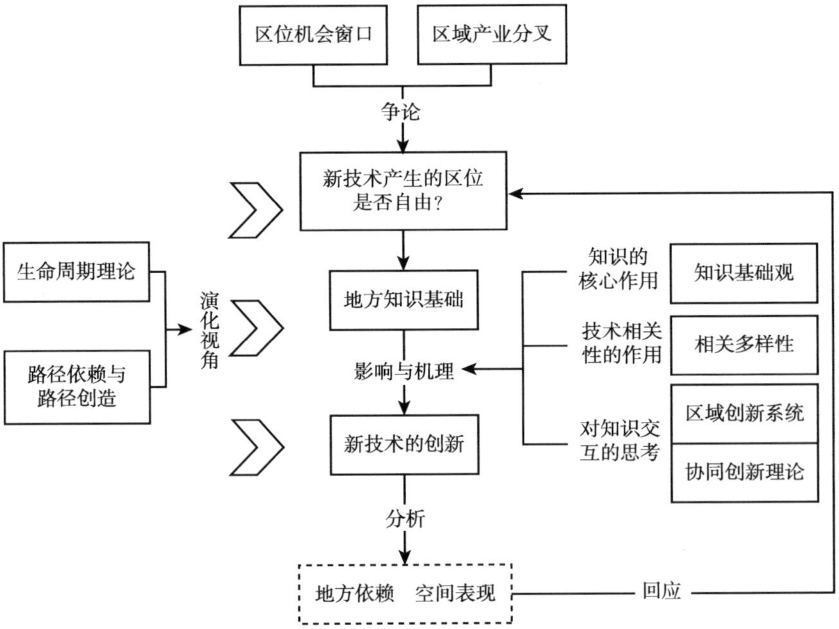

图 3－7　本地知识基础对技术创新影响研究的分析框架

资料来源：作者自绘。

第四章

燃料电池技术与知识基础的特征、结构与格局

了解燃料电池的技术原理，刻画燃料电池技术的发展情况、空间格局是研究后续问题的基础。本章首先对燃料电池技术创新的概况进行介绍，理清燃料电池的工作原理、类型和发展历程；而后，根据相关研究对燃料电池技术的知识类型进行划分，区分出相关科学知识基础、相关技术知识基础和无关技术知识基础三种类型。本章在区分知识类型的基础上，进一步刻画中国291个地级市燃料电池技术创新以及各知识基础的结构与空间格局演化，为下文分析提供基础。

第一节

燃料电池技术发展概况

一、燃料电池的工作原理及类型

燃料电池是一种高效环保的发电装置，其主要原理是通过燃料和氧化剂的化学反应实现发电。单节燃料电池主要由阳极、阴极、电解质隔膜构成。根据电解质的不同，燃料电池大致可分为5种类型：（1）碱性燃料电池（简称AFC，Alkaline Fuel Cell）；（2）熔融碳酸盐燃料电池（简称MCFC，Molten Carbonate Fuel Cell）；（3）磷酸型燃料电池（简称PAFC，Phosphoric Acid Fuel Cell）；（4）固体氧化物燃料电池（简称SOFC，Solid Oxide Fuel Cell）；（5）质子交换膜燃料电池（简称PEMFC，Proton Exchange Membrane Fuel Cell），其中直接以甲醛为燃料的质子交换膜燃料电池也被称为直接甲醇

燃料电池（简称 DMFC，Direct Methanol Fuel Cell）。燃料电池根据工作温度，又可分为高温燃料电池（工作温度大于 600℃）、中温燃料电池（工作温度介于 100℃至 300℃之间）、低温燃料电池（工作温度小于 100℃）。根据不同类型燃料电池的特性，可将其工作原理绘制成图 4－1。

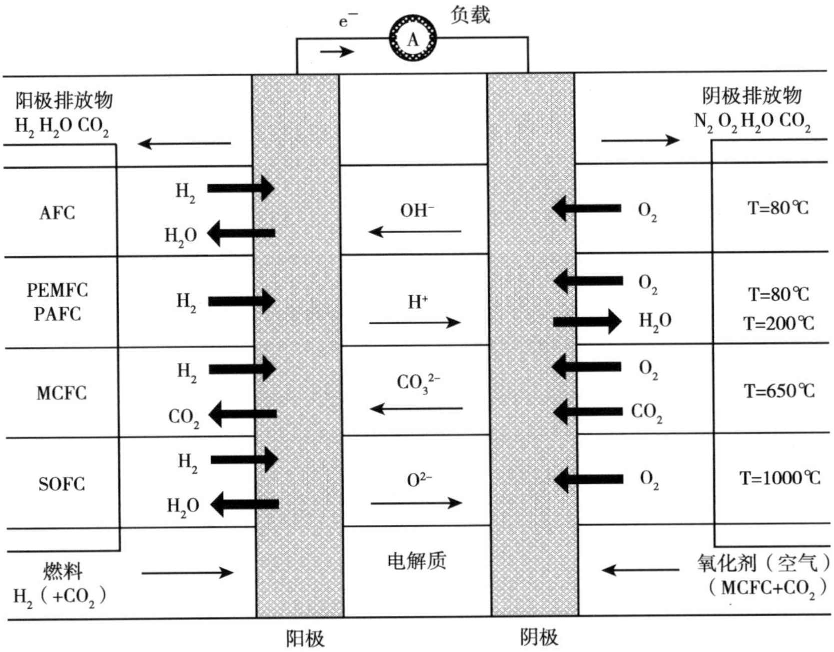

图 4－1　不同类型燃料电池的工作原理

资料来源：Pollet（2012）。

从目前的燃料电池发展状况来看，五大类型燃料电池既有各自的优点，又均存在着明显的缺陷。碱性燃料电池（AFC）能够在常温下进行工作，材料成本低、启动快速，但必须使用纯氢气和氧气，电解质容易导致二氧化碳中毒，且 KOH 电解质需要周期性更换。熔融碳酸盐燃料电池（MCFC）的燃料适应性广，具有高品质的余热，可热电联供，可使用非贵金属催化剂，但熔融碳酸盐电解质具有腐蚀性，寿命较短；且二氧化碳必须再循环。磷酸型燃料电池（PAFC）的电解质相对廉价，对二氧化碳不敏感，技术也相对成熟，长期运行性好，但其效率较低，电解质具有腐蚀性，运行时须及时去除燃料与氧化剂中的二氧化碳，且对一氧化碳和硫中毒敏感。固体氧化物燃料电池（SOFC）的燃料适应性广，具有较高的功率密度，与熔融碳酸盐燃料电池一样具有高品位余热，可热电联供，采用非贵金属催化剂，但工作温度过高带来了系列材料和密封性问题，电池部件制造成本高。质子交换膜燃料电池（PEMFC）是五种燃料电池中功率密度最高的，可在室温工作，启动快，其低操作温度的特性在便携上也占据优势，但材料昂贵，成本高，一氧化碳和硫的容许度非常差。这五种燃料电池的特征见表 4－1。

表 4－1　　　　不同类型燃料电池的特征

	AFC	MCFC	PAFC	SOFC	PEMFC
电解质	KOH	Li_2CO_3，Na_2CO_3	H_3PO_4	陶瓷	质子交换膜
燃料	纯氢	氢气、天然气、生物燃料	重整氢气	氢气、天然气、碳氢气体	重整氢气
导电离子	OH^-	CO_3^{2-}	H^+	O^{2-}	H^+
工作温度	50—200	600—700	180—200	600—1000	室温—150
氧化剂	纯氢	空气	空气	空气	空气
优点	常温下可工作；启动快速；材料的成本低。	使用非贵金属催化剂；燃料适应性广；可提供高品位余热，可热电联供。	电解质价格便宜；可靠性高；对二氧化碳不敏感；技术相对成熟。	功率密度较高；催化剂为非贵金属；燃料适应性广；可提供高品位余热，可热电联供。	功率密度最高；启动快速；可室温工作；方便便携。
缺点	需要使用纯氢气和氧气；电解质容易二氧化碳中毒；需要周期性更换 KOH 电解质。	电解质具有腐蚀性，寿命较短；二氧化碳必须再循环 。	材料贵，成本偏高；一氧化碳和硫的容许度差；需经常水管理。	工作温度高导致一系列材料和密封性问题，电池部件制造成本高。	材料昂贵，成本偏高；一氧化碳、硫的容许度非常差；需经常水管理。

资料来源：王志成等（2016）。

二、燃料电池技术的发展历程

（一）理论与试验阶段（1960 年之前）

William Robert Grove 在 1839 年偶然发现两个铂电极电解硫酸时析出的 H_2

和 O_2 具有化学活性，并带有 1 伏的电势差，这就是燃料电池的雏形。这个偶然事件的出现并未立即推动燃料电池领域的技术发展，直至 20 世纪 50 年代，燃料电池一直处于理论和应用基础的研究阶段，并未实现技术上的重大突破。

（二）国家战略竞争阶段（1961—1999 年）

20 世纪 60 年代起由于载人航天对高性能电池的需求，军工部门开始重视燃料电池的研发，燃料电池也得到了较快发展，如 Bacon 型中温燃料电池被 Pratt & Whitney 公司研制并当做阿波罗登月飞船的主电源，1965 年质子交换膜燃料电池（PEMFC）也被双子星宇宙飞船采用并作为主电源。20 世纪七八十年代，在冷战背景下，航天军备竞赛以及全球的能源危机进一步推动了燃料电池的研发。在军用技术达到一定水平后，美国等发达国家开始支持并开展民用燃料电池的开发，时至今日仍旧有数百台 PC25（200kW）的磷酸燃料电池电站在全球运行。20 世纪 90 年代以来，随着全球环境的持续恶化，环境保护日益受到人类的关注，在此背景下燃料电池的清洁属性受到重视，包括以直接甲醇燃料电池为主的便携式移动电源、以质子交换膜燃料电池为主的燃料电池汽车和以高温燃料电池为主的电站等均得到了快速发展（王志成等，2016）。此外，中华人民共和国国家科学技术委员会第九个五年计划（1996—2000 年）将燃料电池技术作为重大公关项目之一，之后燃料电池在中国的发展进入“快车道”。

（三）快速发展阶段（2000 年至今）

1998 年，中国第一家主要从事燃料电池研发的企业—上海神力科技有限公司在上海注册成立并受到科技部重点培育，拉开了国内企业进入燃料电池领域的序幕，国家对此的重视程度不断提高。进入 21 世纪，中国燃料电池行业得到了快速发展。在中华人民共和国国家科学技术委员会第十个五年计划（2001—2005 年）中，燃料电池技术是重大攻关项目之一。《国家中长期科学和技术发展规划纲要（2006—2020）》《能源发展战略行动（2014—2020）》《国家创新驱动发展战略规划纲要》《能源技术革命创新行动计划（2016—2030）》《“十三五”国家战略新兴产业发展规划》等文件均将燃料电池作为重要技术类别给予支持。国家发改委明确将“燃料电池系统及其核心零部件”列入《战略性新兴产业重点产品和服务指导目录（2016 版）》，标志着燃料电池作为战略性新兴技术得到了国家的重视和肯定。

我国企业进入燃料电池技术各领域研发的速度加快，至今燃料电池技术各类目均有企业布局，如制氢类目中有神华集团等企业、储运类目中拥有广州中氢能源科技有限公司等企业，燃料电池系统类目中有新源动力等企业，电堆类目中有北京氢璞等企业，催化剂类目有贵研铂业等企业，质子交换膜类目有东岳集团等企业，乘用车类目有北汽新能源等企业，中国燃料电池技术研发布局至产业链的上中下游各处。从发明专利的数量增长上来看，中国 291 个地级市申请的燃料电池发明专利从 2000 年的 20 项增加至 2016 年的 1235 项，年均增长率高达 29.39%，中国燃料电池技术创新发展迅猛，进入快速发展阶段（见图 4－2）。

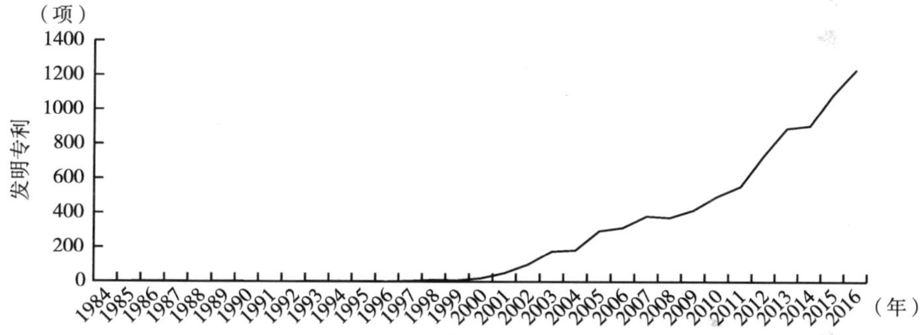

图 4－2　1985—2016 年中国 291 个地级市申请的发明专利数变化

数据来源：国家知识产权局（SIPO）专利信息服务平台。

三、中国燃料电池技术发展特征

燃料电池技术创新的发展规律是由燃料电池技术的特征所决定的，分析燃料电池技术的特征对后续分析知识基础对燃料电池技术创新的影响具有重要意义。燃料电池技术的发展总体处于快速发展阶段，日本、美国在燃料电池技术上处于领先地位。

（一）技术竞争优点明显，发展潜力巨大

燃料电池具备诸多优点，特别是发电原理相较于其他发电、供电设备有着明显的优势，主要集中在以下几方面（王志成等，2016）。

1. 燃料电池的转化效率极高。上节已描述了燃料电池的工作原理，燃料电池主要通过将化学能直接转化为电能的方式实现能量转换，这不同于热机过程，不受卡诺循环的限制。现有的技术中，各类燃料电池的能量转换效率多数在40%—60%之间，其中利用碳氢燃料的燃料电池发电转换效率高达40%—50%，直接使用氢气的燃料电池转换效率在50%以上；而对于高温燃料电池而言，以热电联供计算，能量转换效率甚至可达到80%以上。一般的发电系统转换效率远低于燃料电池，如柴油发电的能量转换效率一般在20%—40%之间，蒸汽和燃气轮机的转换效率一般在10%—50%之间，汽油发电的能量转换效率最低，一般在5%—20%之间。

2. 燃料的多样性。燃料电池的原料来源广泛。当前燃料电池以氢气为主要燃料，而氢气可通过碳氢化合物、醇类燃料来制备，如沼气就可作为燃料的来源。甚至氢气可通过电解水得到，2012年在日本埼玉县建成的首座太阳能加氢站，是可实现零排放的能源系统。此外，熔融碳酸盐燃料电池（MCFC）和固体氧化物燃料电池（SOFC）可直接将低分子的碳氢气体和天然气作为燃料。

3. 燃料电池发电过程清洁环保。纯氢燃料电池的化学反应物仅为水，相较于化石能源燃烧排放出二氧化碳、碳氧化物和硫氧化物等污染物，纯氢燃料电池的清洁性十分突出。而即便是以矿物燃料来制备富氢气体，燃料电池的高能量转化效率也能够使二氧化碳的排放大幅减少。并且燃料电池的发电过程中，运动部件少，噪声极小。

4. 可靠性高。燃料电池运作过程中运动部件少，因此相较于内燃机，燃料电池的系统可靠性更高。

5. 组装灵活。燃料电池一般以模块结构制造，可像常规电池一样通过多个模块串联、并联的方式供电，操作简单，且可调节容量。

虽然燃料电池仍旧面临着成本高昂、燃料存储困难等难题，但其诸多优点使燃料电池的发展前景极为广阔，各国逐渐开始重视燃料电池技术的发展。中国科学技术协会主席万钢2018年12月在《人民日报》上发文表示，纯电动汽车存在续航里程、充电时间的短板，尚不能满足量大面广的远程公交、双班出租、城市物流和长途运输等市场需求，为此，应及时把产业化重点向燃料电池汽车拓展（万钢，2018）。中国也一直将燃料电池技术作为新能源技术的重要方面予以支持。

（二）商品化瓶颈突出，技术上有待突破

燃料电池虽具备诸多优点，但在技术上的限制仍显著制约其产业化。燃料电池技术仅在军用层面得到了较多运用，仅能实现部分产品的实用化，离大规模商品化仍有距离，比如在燃料电池的成本、使用寿命、可靠性等方面仍旧需要做更多的研究（侯明、衣宝廉，2008），在材料、部件、系统上需要更多技术突破和创新（侯明、衣宝廉，2012）。由于在关键技术上存在严重的瓶颈，产业整体需要重大技术突破，因此 Tanner（2015）的研究中明确指出燃料电池技术发展依靠激进式创新推动。

中国燃料电池技术虽然有了长足的进步，但同日本、美国和德国甚至韩国等发达国家存在着较大的差距（陈晨等，2015）。日本被认为是最有可能率先实现燃料电池商业化的国家，率先推出了分布式热电联供系统（CHP）的商业化应用（蒙浩等，2018）。在燃料电池汽车方面，2014 年底丰田推出了全球首款燃料电池汽车，名为 Mirai（未来），只需 3 分钟就能加满氢气，而续航里程则高达 650 公里（陈晨等，2015）。但燃料电池汽车领域距离大规模商业化仍有一段距离，首先需要解决的问题就是成本问题。以丰田的 Mirai 燃料电池汽车为例，其售价高达 723.6 万日元（约 45.1 万元人民币），本田的 Clarity 燃料电池汽车售价也高达 766 万日元（约 47.8 万元人民币）。高昂的成本和售价严重制约着大规模商业化的进程，丰田等领先企业也提出了一系列降低成本、提高可靠性等技术研发计划。2017 年，日本政府发布了“氢能源基本战略”，更是提出了要在 2050 年建成氢能社会的目标（尚勇、赵世佳，2018）。

（三）整体产业链较短，技术类别较集中

当前燃料电池中以氢为主要燃料，氢燃料的适用性广，可用于所有主流的燃料电池类型。以氢燃料电池的产业链为例，燃料电池的核心技术创新主要集中在上游和中游，其中电池组件和燃料电池系统最为关键。

由于燃料电池的技术创新门类相对集中，从事燃料电池技术领域研发的创新主体之间存在着较强的技术相关性，关键节点的突破也对整个领域的发展影响重大（见图 4－3）。

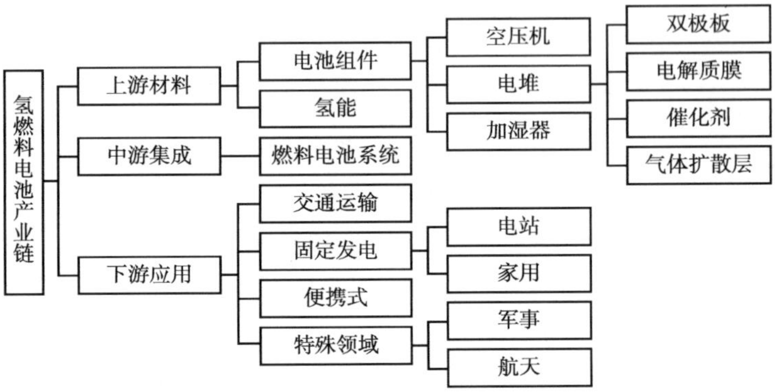

图 4－3　氢燃料电池产业链示意图

（四）技术相对落后，国家战略驱动明显

能源战略是关乎国家安全的重要战略，燃料电池的特点决定了其在未来拥有巨大的发展潜力和应用前景，并且燃料电池技术仍旧处于基础研发和应用试验阶段，未来的商业化仍旧需要一系列技术攻关。综合来看，当前中国燃料电池的关键材料尚未实现国产化，多依赖进口材料，如碳纸、质子交换膜和电催化剂等（蒋清梅，2017；王兴娟等，2011）。尽管中国已经自主研发了部分可替代的材料，但制备工艺上也还未达到批量生产的水平，短期内中国在核心材料上总体依赖进口的格局难以改变（李佳佳，2018）。自 20 世纪 60 年代以来，不可否认中国在燃料电池领域已经取得了一系列重要成果，但发达国家在燃料电池研发上起步更早、技术实力更加雄厚，在关键技术上中国仍需要重点攻关，制定技术扶持政策，拉近与发达国家的距离，甚至在某些关键节点上超越发达国家。

中国燃料电池发展始于 20 世纪 60 年代，1969 年中国科学院大连化学物理研究所就开始承担燃料电池的研制工作，其主要用途是服务于中国的航空事业。至今大连化学物理研究所仍旧在燃料电池专利申请中占据着国内领先地位（刘萍等，2018）。此后，中科院长春应用化学研究所、上海硅酸盐研究所也开展了相关的燃料电池研发工作以满足中国军工上的需求。20 世纪 90 年代后，燃料电池研发的地位上升明显。国家科学技术委员会提出的第九个五年计划、第十个五年计划将燃料电池技术作为重大公关项目之一，取得了较大的发展（侯明、衣宝廉，2008）。燃料电池汽车是燃料电池产业长期发展的一个重要方向。自第八个五年计划起，中国从事新能源汽车研发已有20多年，燃料电池汽车在新能源汽车中的地位不断提升，第十三个五年计划对新能源汽车的表述为“提升纯电动汽车和插电式混合动力汽车产业化水平，推进燃料电池汽车产业化”（谢光强，2016）。可见燃料电池的发展持续受到国家战略的支持和推动。

第二节 燃料电池的技术结构与相关技术分析

一、数据来源及整体情况

本书研究以发明专利为燃料电池技术的衡量标准，燃料电池的发明专利来源于上海市知识产权（专利）公共服务平台，陈弘挺（2017）、叶琴（2018）的研究已经论述了上海市知识产权（专利）公共服务平台中的专利数据包含了全国的所有专利。在该网站的专利检索系统中，依次进入“公共专题数据库”“新能源与环保产业”“燃料电池”，选中“发明专利”，并进行相关专利的下载，共计获得1985—2016年的燃料电池发明专利18484项发明专利。

本书对发明专利数据进行详细分析，首先，通过对各申请单位的地址进行二次查找，将各专利归入地址所在地的城市。其次，本书的研究区域为中国的地级市，因此需要剔除非291个地级市内申请单位申请的专利。本书研究显示，中国的燃料电池发明专利中，其他国家企业或公民在中国申请同族专利或保护性专利的情况极多，共计9015项发明专利为外国单位申请，占比高达48.77%，其中来自日本和美国的专利最多，分别达到4125项和2123项，占比均超过了10%，如表4-2所示。在中国国内，有404项燃料电池专利是研究范围291个地级市之外的专利，其中台湾占到了377项。由于本书聚焦本地知识基础对技术创新的作用，非研究区内的企业或居民申请的专利并非本书的研究对象，故剔除。最终，本书得到1985—2016年研究区域291个地级市内的9065项发明专利。

表 4－2　　1985—2016 年各国在中国申请的燃料电池专利情况

国家	专利数（项）	占比（%）
中国	9469	51.23
日本	4125	22.32
美国	2123	11.49
韩国	1086	5.88
德国	586	3.17
英国	256	1.38
法国	239	1.29
加拿大	148	0.80
其他国家	452	2.45

数据来源：国家知识产权局（SIPO）专利信息服务平台、上海市知识产权公共服务平台。

在国家知识产权局（SIPO）专利信息服务平台对中国 291 个地级市 1985—2016 年的 9065 项发明专利的引证专利进行查询汇总，共得到 42573 项引证专利。

二、燃料电池组成的技术类别

对 1985—2016 年 9065 项中国 291 个地级市申请的燃料电池发明专利进行统计分析，明确其分类。一个完整的 IPC 分类号由“部”“大类”“小类”“大组”“小组”组成。以 IPC 分类号“H02J7/34”为例，“部”的代码为“H”，表示“电学”；“大类”的代表为“H02”，表示“发电、变电或配电”；“小类”的代码为“H02J”，表示“供电或配电的电路装置或系统；电能存储系统”；“大组”的代码为“H02J7/00”，表示“用于电池组的充电或去极化或用于由电池组向负载供电的装置”；“小组”的代码为“H02J7/34”，表示“兼用蓄电池和其他直流电源的网络中的并联运行，例如提供缓冲作用”。由于“小类”所表示的含义适中，是学术研究中较为常用的分类尺度，因此本书研究的专利分类细化至“小类”。笔者将本书涉及的小类含义列表（见表 4－3）。

表4-3 IPC分类中相关小类的基本含义

小类类别	基本含义
H01M	用于直接转变化学能为电能的方法或装置，例如电池组
B01J	化学或物理方法，例如，催化作用、胶体化学；其有关设备
C01B	非金属元素；其化合物
H02J	供电或配电的电路装置或系统；电能存储系统
B60L	电动车辆动力装置
G01R	测量电变量；测量磁变量
C02F	水、废水、污水或污泥的处理
B01D	分离
C08J	加工；配料的一般工艺过程
C08L	高分子化合物的组合物
C08G	用碳-碳不饱和键以外的反应得到的高分子化合物
G01N	借助于测定材料的化学或物理性质来测试或分析材料
C25B	生产化合物或非金属的电解工艺或电泳工艺；其所用的设备
C08K	使用无机物或非高分子有机物作为配料
C04B	石灰；氧化镁；矿渣；水泥；其组合物

资料来源：国家知识产权局官网。

以燃料电池技术发明专利的主分类号为依据，对9065项发明专利的IPC“小类”进行提取，并进行统计分析。本书研究仅列出比重超过1%的IPC分类，占比在1%以下的分类众多且比重过小，不予考虑。结果显示，燃料电池技术发明专利中比重超过1%的IPC分类共10个：IPC分类号“H01M”的发明专利数量占据了燃料电池技术发明专利的60.86%，是燃料电池发明专利的核心分类；“B01J”位于第二位，比重达到了6.60%；“C01B”“H02J”“B60L”分列第三、四、五位，比重均超过了2%；另外“C02F”“G01R”“C08J”“C08G”“G01N”的比重也均超过了1%，如表4-4所示。

表4-4 中国燃料电池技术发明专利的IPC分类

排名	主分类号	发明专利数量（项）	占比（%）
1	H01M	5517	60.86
2	B01J	598	6.60
3	C01B	286	3.15

续表

排名	主分类号	发明专利数量（项）	占比（%）
4	H02J	216	2.38
5	B60L	181	2.00
6	C02F	174	1.92
7	G01R	132	1.46
8	C08J	129	1.42
9	C08G	123	1.36
10	G01N	104	1.15

数据来源：国家知识产权局（SIPO）专利信息服务平台、上海市知识产权公共服务平台。

三、燃料电池的相关技术类别

发明专利间的引证关系直接反映了燃料电池技术发明所涉及的其他技术知识类别，能够直接刻画技术之间的相关性。本书研究根据燃料电池技术的引证专利来定义燃料电池的技术相关类别。

从中国国家知识产权局官网下载申请单位在291个地级市，且时间为1985—2016年的9065项燃料电池发明专利所引用的引证专利文献，得到引证专利文献数量42573项，平均每项燃料电池技术发明专利有4.69项引证专利。以相同步骤在中国国家知识产权局官网下载并提取42573项引证专利主分类号的IPC“小类”代码，并进行统计分析。

引证专利是燃料电池发明专利直接引用的专利，因此引证专利的情况能够直接反映出燃料电池的技术创新所需要借鉴和利用的技术知识基础。通过比较可以发现，燃料电池的引证专利类别比发明专利的类别更加丰富，共有15个IPC小类类别占比超过了1%。引证专利类别“H01M”占引证专利总数的比重为44.31%，说明“H01M”不仅是燃料电池发明专利的最大类别，也是引证专利的最大来源类别。而后，“B01J”“C01B”“C02F”位列引证专利比重的第二、三、四位，其中“B01J”的比重较大，达到了8.93%。而其余11个小类的类别比重均在1%—2%之间，如表4-5所示，依次为“B01D”“C08J”“C08L”“C25B”“H02J”“C08J”“C08L”“C25B”“H02J”“C08G”“B60L”“C08K”。

表 4－5　被燃料电池技术发明专利引证的主要专利 IPC 类别及占比

排名	引证专利主分类号	引证专利数量（项）	占比（%）
1	H01M	18864	44.31
2	B01J	3802	8.93
3	C01B	1392	3.27
4	C02F	1022	2.40
5	B01D	830	1.95
6	C08J	826	1.94
7	C08L	796	1.87
8	C25B	766	1.80
9	H02J	758	1.78
10	C08G	613	1.44
11	B60L	511	1.20
12	C08K	464	1.09
13	G01R	443	1.04
14	C04B	434	1.02
15	G01N	430	1.01

数据来源：国家知识产权局（SIPO）专利信息服务平台、上海市知识产权公共服务平台。

四、燃料电池技术引证关系演化

由于2000年以前燃料电池的发明专利数量极少，因而本书研究着重分析2000—2016年的燃料电池技术创新的空间格局演化。将2000—2016年共17年分为3个阶段，2000—2005年为第一阶段，2006—2010年为第二阶段，2011—2016年为第三阶段。

对燃料电池的10个主要专利类别的专利引证总体情况进行分析可以发现，燃料电池技术的专利引证关系中，同类专利之间的引证现象突出，如IPC分类号H01M引证最多的类别仍是H01M，在2000—2016年引证次数高达11741次，在15个主要相关技术类别中占比达83%，B01J的同类型专利引证比为58%，C01B的同类型专利引证比为75%，H02J的同类型专利引证比为81%。

此外，燃料电池技术中以 H01M 专利类别为核心专利类别，其他 9 个燃料电池专利主要组成类别中，除了引证自身类别的专利之外，H01M 类别均是被引证最多的 IPC 类别，如表 4 -6 所示。

表 4 -6　　2000—2016 年燃料电池技术主要引证的技术类别情况

引证类别（单位：项）	H01M	B01J	C01B	H02J	B60L	C02F	G01R	C08J	C08G	G01N
H01M	11741	443	66	63	80	190	116	93	35	51
B01J	707	943	64	0	1	0	0	3	8	1
C01B	392	175	518	4	4	1	0	0	0	0
C02F	177	3	5	2	0	318	0	0	0	2
B01D	161	11	4	0	0	6	0	28	8	1
C08J	179	7	1	0	0	0	0	102	18	0
C08L	107	8	3	0	0	0	0	15	14	0
C25B	169	12	11	4	1	13	2	5	1	3
H02J	96	0	2	383	25	5	20	0	0	1
C08G	103	7	2	0	0	0	0	26	165	0
B60L	52	0	5	16	281	0	3	0	0	0
C08K	60	0	2	0	0	0	0	1	0	0
G01R	84	0	1	2	0	0	293	0	0	13
C04B	64	8	6	0	0	0	0	0	0	0
G01N	70	4	1	1	0	4	6	3	0	149

数据来源：国家知识产权局（SIPO）专利信息服务平台、上海市知识产权公共服务平台。

从 2000—2016 年被燃料电池技术引证的专利文献 IPC 分类号占比中可知，燃料电池主要技术类别 H01M 的被引证比重总体呈持续下降趋势，从 2000 年的 83.3% 下降到了 60.1%，如表 4 -7 所示。可见，燃料电池技术发展的前期主要的专利引证基本在同类型专利之间发生，而随着燃料电池技术的发展，燃料电池技术引证的 IPC 专利类别逐渐均衡化，这与新企业或相关企业逐渐进入燃料电池技术的研发有重要关系，企业技术研发的领域逐渐扩张，使其主要的引证类别更加均衡化。需要注意的是，早期燃料电池技术领域的引证关联极为密切，因而技术相关性在早期对知识在空间上的扩散具有重要意义。

表 4-7　2000—2016 年被燃料电池发明专利引证的专利技术类别占比演变

年份	H01M	B01J	C01B	C02F	B01D	C08J	C08L	C25B	H02J	C08G	B60L	C08K	G01R	C04B	G01N
2000	83.33%	8.33%	0.00%	0.00%	0.00%	0.00%	0.00%	0.00%	0.00%	0.00%	0.00%	0.00%	0.00%	0.00%	8.33%
2001	85.71%	4.76%	0.00%	0.00%	2.38%	0.00%	0.00%	2.38%	0.00%	2.38%	0.00%	2.38%	0.00%	0.00%	0.00%
2002	81.72%	3.23%	3.23%	1.08%	0.00%	1.08%	1.08%	1.08%	0.00%	0.00%	2.15%	0.00%	4.30%	0.00%	1.08%
2003	75.29%	4.02%	3.45%	0.57%	0.57%	0.00%	0.00%	2.30%	1.15%	0.57%	9.20%	0.57%	0.57%	1.15%	0.57%
2004	73.26%	8.14%	2.33%	0.00%	1.55%	0.39%	0.39%	3.10%	0.78%	3.49%	3.49%	0.39%	1.94%	0.00%	0.78%
2005	74.25%	4.18%	2.55%	1.16%	2.55%	1.86%	0.93%	0.70%	0.00%	2.32%	2.09%	0.00%	4.41%	1.16%	1.86%
2006	75.79%	6.55%	3.97%	0.60%	1.79%	0.40%	1.98%	1.19%	0.20%	0.20%	3.17%	0.20%	2.38%	0.60%	0.99%
2007	72.99%	6.15%	6.15%	0.00%	2.05%	1.71%	1.20%	2.05%	0.68%	0.00%	1.37%	0.00%	3.25%	0.85%	1.54%
2008	65.43%	9.35%	8.47%	1.06%	2.47%	3.53%	0.88%	1.41%	0.35%	2.82%	1.06%	0.18%	0.88%	1.59%	0.53%
2009	70.21%	8.32%	4.22%	0.48%	2.65%	3.02%	0.84%	1.93%	2.41%	1.81%	0.72%	0.24%	1.33%	0.84%	0.97%
2010	67.97%	9.46%	5.61%	0.81%	2.70%	2.50%	0.68%	2.03%	2.50%	1.22%	0.81%	0.00%	1.69%	0.68%	1.35%
2011	67.19%	7.38%	5.36%	2.55%	1.98%	2.03%	1.20%	2.86%	4.32%	0.88%	0.73%	0.00%	2.65%	0.47%	0.42%
2012	67.28%	9.77%	4.56%	1.81%	1.71%	1.64%	0.91%	1.48%	1.64%	1.11%	1.68%	0.00%	3.32%	1.24%	1.85%
2013	63.52%	11.28%	5.00%	3.74%	1.13%	2.39%	1.44%	1.10%	3.25%	2.48%	0.43%	0.06%	1.69%	1.01%	1.47%
2014	63.55%	8.58%	7.92%	3.18%	1.23%	1.69%	1.42%	1.16%	3.81%	1.49%	1.86%	0.00%	1.82%	0.89%	1.39%
2015	61.18%	9.71%	5.64%	4.27%	0.96%	1.47%	1.06%	1.88%	3.76%	2.32%	4.31%	0.00%	1.91%	0.82%	0.72%
2016	60.10%	7.22%	7.17%	3.89%	0.79%	1.81%	1.19%	1.07%	6.04%	2.03%	4.51%	0.06%	1.52%	0.96%	1.64%

数据来源：国家知识产权局（SIPO）专利信息服务平台、上海市知识产权公共服务平台。

第三节

燃料电池技术及知识基础的结构与格局演化

对燃料电池领域技术知识产出（发明专利）及其知识基础的结构和空间格局进行刻画，有助于我们理解燃料电池技术发展的空间特征和规律。知识基础中，同样对相关科学知识基础（用学术论文来衡量）和相关技术知识基础（用相关类别的发明专利来衡量）进行了结构分析和空间格局刻画；而无关技术知识基础的技术门类共有 616 个 IPC 小类，占据了 IPC 小类总数量的 97.6%，无关知识基础的分布格局与城市总发明专利数的分布格局基本一致。关于城市创新格局刻画已有较多研究，单独分析其空间格局的意义不大，本书不再赘述。因此本书仅重点对相关科学知识基础和相关技术知识基础的结构和空间格局进行刻画。

一、燃料电池技术的结构与空间格局

（一）燃料电池技术的组成结构

发明专利是本书衡量燃料电池技术产出的指标。由于 2000 年之前我国的燃料电池技术领域发明专利数量极少，因而仅关注 2000—2016 年燃料电池技术领域中最主要的 10 大类专利类别的组成结构演变。整体上燃料电池技术发明专利得到了快速的发展，10 个主要类别中的发明专利数量均得到了显著的增长。燃料电池领域中的主要技术类别 H01M（直接将化学能转化为电能的方法或装置）一直在 10 个主类别中占据核心地位，占比一直在 70% 以上，这也说明了燃料电池的产业链相对较窄，技术领域相对集中，如表 4 - 8 所示。此外，B01J 也是燃料电池领域重要的技术分类，占比一直位居第二位。整体上，燃料电池领域的技术类别虽然集中于 H01M 类中，但占比差距有缩小的趋势，说明燃料电池技术领域在不断地扩大完善，而技术领域的全面提升对促进燃料电池的商品化具有重要意义。

表 4-8　2000—2016 年燃料电池技术主要 IPC 类别的组成结构演变

技术类别	第一阶段（2000—2005 年）		第二阶段（2006—2010 年）		第三阶段（2011—2016 年）	
	数量（项）	占比（%）	数量（项）	占比（%）	数量（项）	占比（%）
H01M	569	83.68	1198	74.23	3244	72.33
B01J	26	3.82	167	10.35	384	8.56
B60L	15	2.21	21	1.30	110	2.45
C01B	17	2.50	72	4.46	173	3.86
H02J	10	1.47	31	1.92	143	3.19
G01R	14	2.06	39	2.42	68	1.52
C02F	1	0.15	10	0.62	133	2.97
C08J	11	1.62	32	1.98	81	1.81
C08G	11	1.62	27	1.67	77	1.72
G01N	6	0.88	17	1.05	72	1.61

数据来源：国家知识产权局（SIPO）专利信息服务平台、上海市知识产权公共服务平台。

从燃料电池发明专利申请的国别上来看（见图 4-4），1985—2016 年，中国在燃料电池领域的发明专利申请量得到了大幅增加，291 个地级市申请的发明专利数量从 1985 年的 1 项增长至 2016 年的 1235 项；国内其他地区的申请数量相对稳定，共计申请了 404 项，主要贡献者为台湾，台湾共计申请了 377 条，占比达到了 93.3%。而国外在中国申请的发明专利数量在 2006 年经历一个大的转折，1985 年，外国在我国申请了 9 项专利，至 2006 年均保持着高速

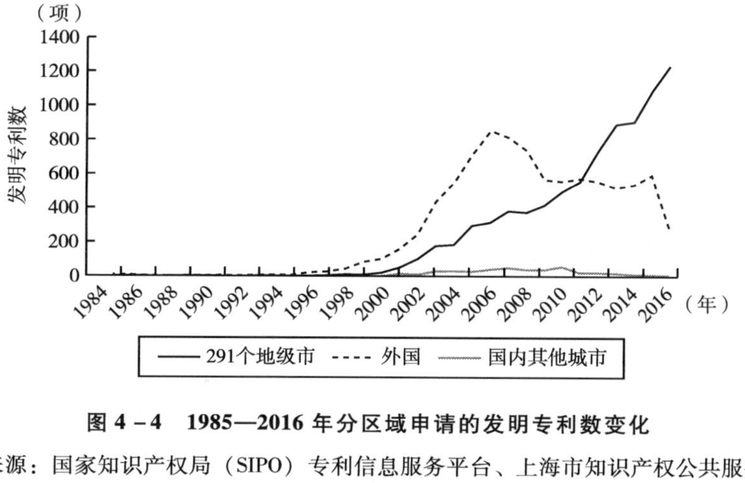

图 4-4　1985—2016 年分区域申请的发明专利数变化

数据来源：国家知识产权局（SIPO）专利信息服务平台、上海市知识产权公共服务平台。

增长，2006年达到了最大值——855项发明专利。之后外国在我国申请的发明专利数量波动下降，但直至2012年，291个地级市申请的发明专利数量才超过外国申请的发明专利数量。由此可见，除了台湾地区外，中国的燃料电池发明专利主要集中在291个地级市，且自1985年以来一直保持着良好的增长势头。即便是在我国申请的发明专利中，外国在华申请的专利依旧在2012年之前保持着数量优势，可见国外发达国家在燃料电池技术创新领域长期保持着技术优势，我们需认清与国外发达国家之间的技术差距。

从企业组成上来看，本书统计了1985—2016年间在中国申请燃料电池技术发明专利最多的前20位创新主体，由此可知，日本丰田自动车株式会社申请的数量位居第1，最早申请年份可追溯到1998年，专利数量高达1214项，是第2位申请专利数量的1.58倍，占据绝对优势。第2位为美国的通用汽车环球科技运作有限责任公司，最早专利申请年份可追溯到2002年，共计在中国申请了768项发明专利。第3位为中国科学院大连化学物理研究所，申请的发明专利数量为565项，最早申请年份可追溯到1997年，是中国申请燃料电池技术发明专利最多的单位，且在数量上领先国内其他单位的优势明显，可见中国科学院大连化学物理研究所在中国燃料电池技术领域的影响之大。而后的第4至第7位均由日韩两国著名的跨国公司占据，松下电器产业株式会社、三星SDI株式会社、现代自动车株式会社和日产自动车株式会社这四家企业共申请了1523项专利。本田技研工业株式会社也凭借230项发明专利排在了第9位，清华大学和上海交通大学分列第8位和第10位。在11至20名中，中国单位占据了主体，占了8席，除了新源动力股份有限公司和上海神力科技有限公司为企业分列12和14位外，其余6席均为大学。可见发达国家的知名跨国公司在燃料电池技术发明专利申请上占据明显优势，特别是日本在中国申请了数量可观的燃料电池技术发明专利，丰田等公司在中国的专利布局已经形成，如表4－9所示。

表4－9　1985—2016年各国创新主体在中国申请燃料电池发明专利数量前20位

排名	创新主体名称	专利数量（项）	最早申请年份	国别
1	丰田自动车株式会社	1214	1998	日本
2	通用汽车环球科技运作有限责任公司	768	2002	美国
3	中国科学院大连化学物理研究所	565	1997	中国
4	松下电器产业株式会社	459	1998	日本

续表

排名	创新主体名称	专利数量（项）	最早申请年份	国别
5	三星 SDI 株式会社	388	2003	韩国
6	现代自动车株式会社	362	2002	韩国
7	日产自动车株式会社	314	2001	日本
8	清华大学	248	2000	中国
9	本田技研工业株式会社	230	2001	日本
10	上海交通大学	204	2002	中国
11	哈尔滨工业大学	196	2001	中国
12	新源动力股份有限公司	183	2006	中国
13	武汉理工大学	180	2002	中国
14	上海神力科技有限公司	174	2001	中国
15	株式会社东芝	160	2001	日本
16	华南理工大学	155	2001	中国
17	大连理工大学	119	2003	中国
18	浙江大学	108	2002	中国
19	同济大学	105	2004	中国
20	三洋电机株式会社	101	1985	日本

数据来源：国家知识产权局（SIPO）专利信息服务平台、上海市知识产权公共服务平台。

（二）燃料电池技术发展的空间格局

如表 4－10 所示，在发明专利申请最多的 30 个地级市中，上海和北京、大连位列前三名。上海和北京作为全国的经济、文化中心，对创新的投入和重视程度均在全国前列，一直保持着技术上的领先优势，因而在燃料电池领域仍旧保持着优势。另外，大连在燃料电池领域的专利申请中表现突出，位列第三名，并且申请总数高达 995 项，远超第四名武汉的 387 项，优势明显，与上海和北京的申请总数接近。整体上省会城市在燃料电池发明专利申请中占据优势，但苏州、淄博、南通、宁波、镇江、无锡、常州、厦门和东莞等非省会地级市均位列前 30 位。燃料电池技术领域的发明专利总体上高度集中于上海、北京、大连。

表 4-10　中国 291 个地级市申请燃料电池发明专利数量排名前 30 位

排名	城市	发明专利数量（项）	排名	城市	发明专利数量（项）
1	上海	1269	16	淄博	107
2	北京	1068	17	重庆	107
3	大连	995	18	沈阳	99
4	武汉	387	19	南通	94
5	广州	315	20	合肥	93
6	天津	297	21	宁波	90
7	苏州	272	22	镇江	88
8	哈尔滨	267	23	无锡	80
9	南京	247	24	常州	78
10	深圳	204	25	长沙	75
11	杭州	202	26	太原	64
12	成都	191	27	郑州	64
13	长春	149	28	济南	62
14	青岛	130	29	厦门	59
15	西安	126	30	东莞	55

数据来源：国家知识产权局（SIPO）专利信息服务平台、上海市知识产权公共服务平台。

从发明专利的分布格局来看，2000—2016 年发明专利数量稳定增长，且发明专利发展的马太效应明显。在第一阶段（2000—2005 年），上海的燃料电池发明专利申请数量最多，处于第一梯队；北京、天津和大连的发明专利数量仅次于上海，处于第二梯队；而第三梯队为哈尔滨、武汉、长春和广州。在第二阶段（2006—2010 年），除了长春的发明专利申请数量滑落至第四梯队，以及杭州、无锡和南京进入第四梯队外，发明专利的第一、二、三梯队的城市基本与第一阶段相同，其中大连、北京进入第一梯队，广州、武汉、哈尔滨进入第二梯队。在第三阶段（2011—2016 年），全国发明专利申请数量增加明显，但第一梯队仍旧由上海、北京和大连三个城市占据，成都的燃料电池发明专利申请情况进步巨大，从第四梯队进入第二梯队。虽然第二、三梯队的城市也有所变动，但总体上变化不大。随着第三阶段中燃料电池发明专利分布面的扩大，长三角城市群、京津冀城市群、珠三角城市群、成渝城市群和长江中游城市群五大城市群对燃料电池发明专利的申请都有所贡献，如表 4-11 所示。

燃料电池发明专利是燃料电池技术创新产出的核心所在。由燃料电池发明专利的空间分布格局可见，在燃料电池技术的发展中，城市燃料电池技术发展的马太效应强烈，上海、北京和大连已经成为中国燃料电池技术发展的重心所在。演化经济地理学一般认为经济活动的空间集聚是地方化知识历史积累的成果，路径依赖是影响区域发展包括创新发展的重要因素，并认为多维邻近性（地理邻近、关系邻近、认知邻近和制度邻近等）可以从不同方面影响区域及创新发展，强化本地原有的经济与创新活动。从燃料电池技术的空间演化来看，尚不能确定第一阶段中的燃料电池技术创新高地的形成原因，但在形成之后，燃料电池技术的发展在空间上确实存在强烈的路径依赖，且北京、上海和大连因发展路径极可能逐步形成燃料电池技术领域的创新集群，如表 4 – 11 所示。

表 4 – 11　不同阶段城市燃料电池发明专利申请数量变化（前 20 个城市）

城市	2000—2005 年	2006—2010 年	2011—2016 年
上海	229	345	695
北京	127	322	619
大连	94	313	588
武汉	39	92	256
广州	39	84	192
天津	81	49	167
苏州	0	31	241
哈尔滨	33	85	149
南京	5	53	188
深圳	39	70	95
杭州	17	54	130
成都	1	20	170
长春	27	23	95
青岛	1	17	112
西安	8	16	102
淄博	10	66	31
重庆	12	31	63
沈阳	5	21	72
南通	4	26	64
合肥	12	25	56

数据来源：国家知识产权局（SIPO）专利信息服务平台、上海市知识产权公共服务平台。

二、燃料电池领域相关科学知识基础的结构与空间格局

（一）燃料电池领域相关科学知识基础的结构

本书以燃料电池领域的学术论文来衡量燃料电池领域的相关科学知识基础。本书以“燃料电池”作为关键词在中国知网上查询相关文献，共计从中国知网上下载了1985—2016年的6615篇论文，经过对作者单位的二次查询，共计得到291个地级市内的学术论文5924篇。

在1985—2016年这一时间段内，搜索中国知网的学术论文可得，关于燃料电池的学术论文是从1992年开始出现的，1992年共计发表了5篇，5篇论文的第一完成单位分别为国家计委老干部局（1篇）、中国科学院大连化学物理研究所（2篇）、东北工学院（1篇）和南开大学化学系元素有机研究所（1篇），可见早期贡献科学知识的主要机构为大学、科研院所或政府部门。1992—2004年，关于燃料电池的论文数量呈现快速上升趋势，年均保持了40.1%的增长速度，2004年论文总数已达到了301篇。2004—2007年学术论文的增长速度相对缓慢，年均增长率约8.8%。2008年以后，关于燃料电池的论文总数相对稳定，在400篇上下起伏波动（见图4－5）。

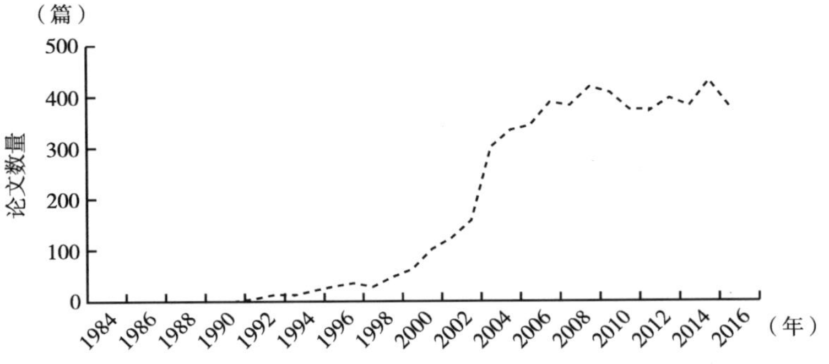

图4－5　1985—2016年中国燃料电池相关的学术论文数量的年度分布

数据来源：中国知网。

本书择取了学术论文中第一完成单位的信息来研究学术论文的主体构成。本书将主体分为了“高校”“研究院所”“企业”“其他”四类，其中大专、学院、大学等类型单位为第一完成单位的主体归入“高校”类别；研究院、

研究所、研究中心、研究总院和研究设计院等类型单位为第一完成单位的主体归入“研究院所”类别；厂、公司等类型单位为第一完成单位的主体归入“企业”类别；其余单位归入“其他”类别，主要包含政府部门、公共机构、产业联盟和协会等属性主体。从燃料电池领域学术论文完成的主体类型上来看，“高校”是发表学术论文最主要的贡献主体类型，1985—2016 年发表学术论文 5273 篇，并且在不同时期均保持着在学术论文数量上的绝对优势。“研究院所”则是学术论文发表的第二大贡献主体类型，1985—2016 年间发表学术论文 308 篇，居于第二位，但其与第一位“高校”在数量上的差距巨大，与第三位“企业”的数量接近。“企业”在论文发表数量中居于第三位，1985—2016 年间发表学术论文 228 篇。除三大类之外的论文第一完成单位则较少，1985—2016 年“其他”类别的论文发表数量为 115 篇。可见，在燃料电池领域中，“高校”是最重要的科学知识基础贡献者，其次是“研究院所”，“企业”的贡献较小，如表 4－12 所示。

表 4－12　不同主体 1985—2016 年间发表燃料电池领域相关学术论文的数量

主体类型	1992—1999 年	2000—2005 年	2006—2010 年	2011—2016 年	合计（篇）	占比（%）
高校	127	946	1904	2296	5273	89.01
研究院所	32	62	80	134	308	5.20
企业	12	57	71	88	228	3.85
其他	9	17	31	58	115	1.94

注：①1985—1991 年间在中国知网上搜索到燃料电池的学术论文数量为 0；
②数据来源于中国知网。

（二）燃料电池领域相关科学知识基础的结构

从论文的第一完成单位分布上来看，北京和上海是机构分布最多的城市，这与北京、上海的经济、文化中心地位息息相关。大连的论文发表机构数量居于第三位，达到了 289 家，这与大连在燃料电池技术领域占据着先发优势具有重要关联。位于大连的中国科学院大连化学物理研究所早期承担了中国燃料电池重要的研发任务，包括 863、973 等重大研发计划，带动了大连本地诸多高校、研究院所和企业开展燃料电池领域的工作，大连成为中国的燃料电池技术创新的重要基地。在论文的第一完成单位分布最多的前 20 个城市中，绝大部分是省会城市，这也与学术机构、公共机构等多集聚在省会城市有关，如表 4－13 所示。

表 4－13　论文第一完成单位的机构分布前 20 名

排名	城市	机构数量（家）	排名	城市	机构数量（家）
1	北京	868	11	杭州	129
2	上海	521	12	合肥	110
3	大连	289	13	重庆	105
4	武汉	283	14	长沙	90
5	广州	232	15	沈阳	86
6	南京	208	16	成都	84
7	天津	191	17	厦门	53
8	哈尔滨	155	18	青岛	48
9	长春	135	19	济南	46
10	西安	131	20	昆明	46

数据来源：中国知网。

从论文第一完成单位的空间分布来看，机构的分布存在向省会城市集聚的趋势，除大连、厦门和青岛等个别非省会城市外，其余非省会城市表现较弱。可见，科学知识基础的分布在空间上是显著集中于省会城市的，且燃料电池科学知识基础呈现稳定增长态势。在第一阶段（2000—2005 年），各省均分布有一定数量的相关科学知识基础。其中，北京和上海的燃料电池科学知识基础显著高于其他城市，为第一梯队；大连和武汉的燃料电池科学知识基础也较高，仅次于北京、上海，为第二梯队；第三梯队为广州、合肥、哈尔滨和长春；其他大部分省会城市为第四梯队。在第二阶段中（2006—2010 年），有燃料电池相关学术论文的地级市数量有所增加，但增加数量不多；西部地区在燃料电池科学知识基础上有了显著提升，如西安、重庆和成都的燃料电池科学知识基础均提升至第三梯队。在第三阶段（2011—2016 年），具有燃料电池科学知识基础的地级市数量进一步增多。西安、成都的地位进一步提升，进入燃料电池科学知识基础的第二梯队行列，大连则从第二梯队跌入第三梯队，如表 4－14 所示。

表 4－14　不同阶段城市燃料电池相关科学知识基础变化（前 20 个城市）

城市	2000—2016 年	2000—2005 年	2006—2010 年	2011—2016 年
北京	955	226	404	325
上海	797	206	270	321
大连	353	129	164	60
武汉	320	84	119	117
广州	298	48	146	104
南京	237	20	99	118
天津	208	56	67	85
哈尔滨	203	39	104	60
西安	154	24	42	88
成都	147	6	52	89
杭州	132	23	44	65
合肥	123	31	46	46
重庆	123	17	33	73
沈阳	109	15	21	73
长春	100	34	29	37
长沙	99	15	39	45
青岛	61	1	11	49
厦门	56	21	9	26
南通	46	0	15	31
昆明	45	9	15	21

数据来源：中国知网。

从分布上来看，相关科学知识基础集聚于省会城市的深层机理是：学术论文是认识燃料电池原理的第一步，而高校、科研院所在对产业的科学探索和认知上拥有天然优势，因而科学知识的形成极为依靠高校、科研院所；省会城市拥有政治、经济优势，是高校、科研院所的集中地，因此燃料电池科学知识在空间上总体呈现出集中于省会城市的现象。从格局演变趋势上来看，东部地区显著领先于中西部地区，而西部地区省会城市燃料电池的科学知识基础增长明显；东北地区在早期的燃料电池科学知识贡献上异常高，而随着时间的推移，其在燃料电池科学知识贡献上的地位逐渐下降。这说明，在科学知识产生的早期，东北地区在燃料电池科学知识基础的产生上是占据先发优势的，对燃料电池技术的发展发挥了重要作用；但是燃料电池科学知识基础的生产主体是高校和科研院所，随着西安、成都等拥有较多高校和科研院所资源的省会城市逐渐重视燃料电池领域，其在燃料电池科学知识的贡献地位上也随之变高，而东北地区的贡献比重则相对下降，如表4－14所示。

三、燃料电池领域相关技术知识基础的结构与空间格局

通过搜索2000—2016年291个地级市15个引证专利相关IPC小类的专利数量，本书建立了燃料电池领域的相关技术知识基础，共搜索到2000—2016年291个地级市与燃料电池领域相关15个技术类别的专利数量559606项，进而对相关技术基础知识进行了简单刻画。

从15个燃料电池相关技术类别的结构分布来看，相关技术类别的结构更加均衡，发明专利数量最多的技术类别是新材料领域的G01N（类别含义为：借助于测定材料的化学或物理性质来测试或分析材料），发明专利数量达到了39135项，在15个技术类别中占比达20.47%；而燃料电池的主要技术类别H01M占比为6.4%，在15个技术类别中占比居中（见图4－6）。由此可见，燃料电池技术关联了庞大的相关技术知识基础，而理论上关联的技术基础至少能够促进某一类燃料电池的技术进步。

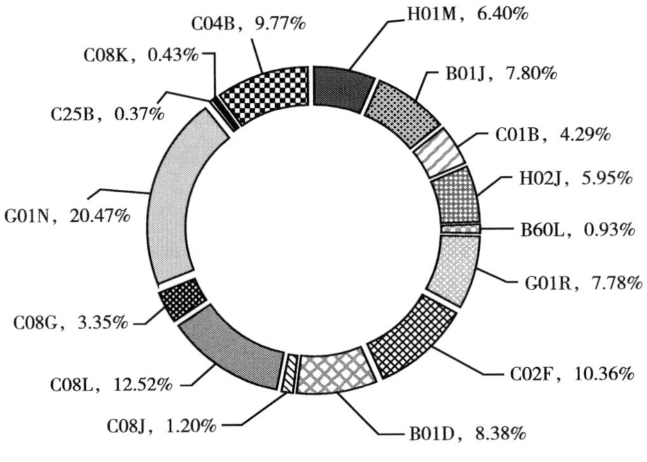

图4－6　2000—2016年燃料电池领域相关的15个技术类别发明专利占比

数据来源：国家知识产权局（SIPO）专利信息服务平台、上海市知识产权公共服务平台。

从相关技术知识基础的分布上来看，291 个地级市基本都具有一定的燃料电池相关技术知识基础分布，但 2000—2016 年 291 个地级市相关技术知识基础差异巨大，以北京的相关知识基础积累最为雄厚，其次为上海，再次为武汉、广州、天津、杭州和成都等省会城市，大量一般地级市的相关技术知识基础均较薄弱。从空间格局上来看，仅长三角地区形成了燃料电池领域相关知识基础的集聚雏形，如表 4-15 所示。

表 4-15　不同阶段城市燃料电池相关技术知识基础变化（前 20 个城市）

城市	2000—2016 年	2000—2005 年	2006—2010 年	2011—2016 年
北京	79053	5366	15218	58469
上海	45334	4143	11630	29561
苏州	25537	115	2666	22756
南京	21808	939	3729	17140
深圳	21421	1068	4863	15490
天津	21140	1260	3553	16327
杭州	17182	905	3584	12693
广州	16973	955	2834	13184
青岛	16241	302	924	15015
成都	16150	718	1846	13586
西安	14284	439	2207	11638
武汉	14159	992	2568	10599
无锡	13768	106	1341	12321
合肥	11570	199	835	10536
重庆	9062	199	1269	7594
济南	8499	265	1207	7027
常州	8394	76	719	7599
大连	8357	727	1568	6062
长沙	8271	322	1420	6529
哈尔滨	8065	428	1564	6073

数据来源：国家知识产权局（SIPO）专利信息服务平台、上海市知识产权公共服务平台。

四、基于发明专利“引证—被引”关系的联系网络格局演化

专利引证是指专利在产生过程中借鉴、引用的专利文献，而被引则相反，是被其他专利借鉴的情况。显然，专利引证和被引可以清晰地刻画专利产生过程中的知识流动情况，极具分析价值。在国家知识产权局官网对燃料电池发明专利的引证、被引情况进行抓取，搜索过程如下：首先，进入国家知识产权局官网专利检索页面；其次，登录后，进入高级搜索页面；再次，在“专利申请号”处输入已搜索到的燃料电池发明专利申请号，点击搜索；最后，在搜索结果中对应的专利号处，点击“引证”，复制该专利申请号的引证文献至 EXCEL 中。通过对 291 个地级市的 9065 条发明专利进行搜索，共得到 42573 条引证信息以及 18736 条被引信息，平均每条专利有 4.69 条引证专利和被引 2.07 次。数据处理过程剔除了燃料电池发明专利中引证、被引中重复出现的联系关系。

由于 1985—1999 年燃料电池技术发明专利中国国内的引证数仅 5 条，不具有分析价值，本书重点对 2000—2016 年的发明专利引证、被引网络进行探讨，绘制引证、被引的城市间联系强度表，如表 4 – 16 所示；随后统计城市引证和被引总次数，如表 4 – 17 所示。由上述两表可知：我国前期的燃料电池技术研发受到国家战略影响显著，在第一阶段（2000—2005 年），除北京、上海两个网络中心外，还形成了以大连、长春、天津、武汉和广州等为中心的“引证—被引”网络，同时重庆、西安也成为西部地区重要的知识流动中心。在第二阶段（2006—2010 年），在原有的知识流动格局上，引证网络进一步弱化了西部地区的地位，北京、上海、大连、广州、武汉、哈尔滨和天津等城市成为网络中心。在第三阶段（2011—2016 年），东部和东北地区的核心地位依旧稳固，但西部地区的地位有所提升，成都、重庆和西安等城市一定程度上充当了知识流动中心的角色。

表 4 – 16　　不同阶段城市间燃料电池专利“引证—被引”联系强度变化（前 20 个城市）

	2000—2005 年		2006—2010 年		2011—2016 年	
排名	城市连线	联系次数	城市连线	联系次数	城市连线	联系次数
1	上海↔北京	52	大连↔上海	155	上海↔北京	393
2	北京↔大连	24	北京↔上海	138	大连↔上海	283

续表

	2000—2005 年		2006—2010 年		2011—2016 年	
排名	城市连线	联系次数	城市连线	联系次数	城市连线	联系次数
3	大连↔上海	24	北京↔大连	90	大连↔北京	272
4	北京↔天津	16	大连↔武汉	68	武汉↔上海	203
5	武汉↔北京	16	北京↔武汉	60	北京↔武汉	138
6	深圳↔上海	16	深圳↔大连	48	苏州↔上海	131
7	北京↔长春	15	北京↔哈尔滨	45	广州↔北京	121
8	广州↔上海	15	北京↔广州	44	上海↔广州	120
9	广州↔北京	14	广州↔上海	43	南京↔上海	116
10	北京↔南京	13	上海↔武汉	42	上海↔南京	116
11	深圳↔大连	13	北京↔天津	41	上海↔天津	112
12	深圳↔北京	12	天津↔北京	41	北京↔哈尔滨	101
13	北京↔深圳	12	大连↔哈尔滨	37	大连↔广州	94
14	天津↔上海	10	南京↔上海	34	成都↔大连	90
15	上海↔天津	10	深圳↔上海	33	苏州↔武汉	87
16	长春↔上海	8	哈尔滨↔上海	32	杭州↔北京	86
17	大连↔广州	8	北京↔杭州	31	成都↔北京	85
18	广州↔大连	8	武汉↔淄博	30	大连↔深圳	84
19	北京↔哈尔滨	8	大连↔广州	29	北京↔南京	84
20	天津↔大连	8	上海↔天津	29	上海↔杭州	83

数据来源：国家知识产权局（SIPO）专利信息服务平台、上海市知识产权公共服务平台。

表 4－17　不同阶段城市燃料电池专利“引证—被引”次数排名（前 20 个城市）

城市	2000—2016 年	2000—2005 年	2006—2010 年	2011—2016 年
上海	3560	183	741	2636
北京	3362	211	756	2395
大连	2649	128	678	1843
武汉	1544	72	341	1131
广州	1397	65	298	1034
南京	1093	31	167	895
哈尔滨	1061	39	251	771
杭州	970	29	174	767

续表

城市	2000—2016 年	2000—2005 年	2006—2010 年	2011—2016 年
苏州	895	0	75	820
天津	891	64	196	631
深圳	841	63	193	585
成都	724	10	54	660
长春	588	69	130	389
西安	465	18	53	394
沈阳	449	12	62	375
无锡	426	1	169	256
合肥	416	22	77	317
重庆	386	16	88	282
长沙	377	6	63	308

数据来源：国家知识产权局（SIPO）专利信息服务平台、上海市知识产权公共服务平台。

与装备制造业、物流产业等以上海、北京等一线城市为绝对核心不同，中国早期燃料电池技术研发主要靠国家力量推动，这对中国后续的燃料电池技术分布格局影响深远。如在满足航空航天事业发展对燃料电池的需求外，“九五”“十五”期间均设立了研发燃料电池的相关规划，并设立了“863”“973”计划项目（冯小保等，2013）。在此过程中，位于大连的中国科学院大连化学物理研究所燃料电池工程中心起到了重要作用，使大连成为我国重要的知识流动中心。

第四节 本章小结

本章主要研究中国燃料电池技术的发展特征、燃料电池领域技术关联情况以及燃料电池领域知识基础的总体情况。首先，本章对燃料电池技术的工作原理、发展历程及特征进行了描述，指出燃料电池技术是受国家支持、技术领域相对较窄、优点突出但尚未实现大规模商业化的战略性新兴技术。而后，在确定燃料电池领域的主要技术 IPC 类别的基础上（主要集中在 10 个 IPC 技术类别中），根据燃料电池发明专利的引证关系，确定了燃料电池领域的相关技术类别（主要集中在15个相关的IPC技术类别中），进而对燃料电池技术领域的相关技术知识基础、无关技术知识基础以及相关科学知识基础进行了定义和描述，并从主体、结构、地域等方面刻画了燃料电池技术及其知识基础的结构和空间格局变化。本章分析得出以下结论。

1. 燃料电池的技术领域相对较窄，但关联的技术门类在逐渐增加。从时间演变上看，前期燃料电池技术发展与其关联的技术类别均较集中，而随着技术的逐渐发展，燃料电池技术涉及的类别更多，并且所引证的技术类别也更加均衡。在10个燃料电池技术的主要类别当中，燃料电池技术主类别H01M的发明专利占比从第一阶段的83.68%下降至72.33%，可见燃料电池技术领域随着时间正在逐渐拓展。从燃料电池技术发明专利的引证情况看，燃料电池技术引证的技术类别也更加均衡化，在2000年燃料电池技术发明专利从H01M类别中引证的专利数占15个相关类别的83.33%，到了2016年，该比重下降至60.10%。这充分说明了在燃料电池技术发展的早期，燃料电池技术首先在某些主要技术类别上开始突破，而后随着创新主体逐渐沿产业链布局开展技术研发，技术的发展向其他技术类别延伸，燃料电池技术在多个IPC技术类别上实现了突破，逐渐推动主要产品的实用化。在这一过程中，燃料电池技术的技术知识基础来源也逐渐实现扩张，与更多原先无关的知识基础类型产生了关联。

2. 从技术联系上看，技术相关性对专利间的引证关系形成有着显著影响，且主要引证关系出现在燃料电池技术创新能力强的地区之间，空间上地理邻近的作用不明显。从燃料电池技术的引证关系上可以看出，同类型技术之间的内部引证是最主要的引证方式，比如2000—2016年间，隶属于H01M类别的燃料电池发明专利从同是H01M类别中的专利处共引证了11741次，占主要相关技术类别中引证专利总数的73%；而B01J的同类型专利引证比为58%，C01B的同类型专利引证比为75%，H02J的同类型专利引证比为81%。随着时间的推移，同类型专利之间的引证比重是逐渐下降的，以H01M类别中的燃料电池发明专利为例，在第一阶段（2000—2005年）引证H01M类别专利的比重为90%，在第二阶段（2006—2010年）该比重下降至83%，在第三阶段（2011—2016年）该比重下降至82%。从空间上的联系来看，主要引证关系存在于大连、北京和上海等燃料电池技术先进的城市之间，且与周边地区的联系较少。由此可见技术相关性对燃料电池技术间引证关系的形成具有重要作用；在空间联系上，地理邻近并未表现出对引证关系形成产生显著促进作用。

3. 在空间分布上，燃料电池技术发展形成了北京、上海和大连三个创新高地，省会城市在燃料电池技术方面的发展总体较好；燃料电池技术的相关科学知识基础集聚于省会城市；相关技术知识基础则主要分布在沿海与沿长江的主要城市上，呈T字形分布格局。可见在空间分布上，燃料电池技术发展与相关的知识基础分布具有一定关联，但也表现出了一定的自由度，燃料电池技术及其知识基础的空间格局均呈现“高低”集聚的分布态势。后文将进一步探讨这种情况的原因与机理。

第五章

演化视角下知识基础对燃料电池技术创新的影响

前文已论述技术创新应包含技术知识生产、技术知识扩散、技术知识应用三个环节，而由于燃料电池技术发展的阶段性限制，燃料电池技术还未进入大规模商品化阶段，因而本书仅对燃料电池技术创新的技术知识生产环节和技术知识扩散环节进行分析。基于生命周期理论，新技术的发展过程是一个技术属性从“新”到“旧”的逐渐转变过程，因此分阶段关注 2000—2016 年知识基础对燃料电池技术创新的影响变化具有重要价值。如第四章所述，本书将研究时间段大致均分为三个阶段，即 2000—2005 年为第一阶段，2006—2010 年为第二阶段，2011—2016 年为第三阶段。要素的空间表现是经济地理学关注的核心问题之一，关注空间因素对理解燃料电池技术发展的规律性具有重要意义。因此在分析过程中，本书研究运用面板空间自回归模型对本地知识基础与技术创新关系进行回归分析，探讨空间要素的影响以及各变量的直接效应和间接效应强弱。不同知识基础共存于现实当中，而不同知识类型的交互在现实中是时刻进行的，区域创新系统、协同创新理论等理论也强调不同类型知识的交互协同对城市的技术创新具有重大意义，因此本书通过计量分析探讨不同知识基础的组合作用是否对技术创新具有积极影响，以及知识基础是否会倾向于通过组合作用的形式来发挥对燃料电池技术创新的影响。基于上述思考，本书运用空间自回归模型分阶段研究了本地知识基础对燃料电池技术创新两大环节（即技术知识生产、技术知识扩散）的影响，探讨了空间要素的影响、不同知识基础的组合作用和作用途径的倾向性。

第一节 指标选择与数据来源

一、指标选择

在技术知识生产环节，燃料电池领域的发明专利数能够直接表示燃料电池的技术知识产出量，因而本书用燃料电池领域的发明专利数作为燃料电池技术知识生产环节的被解释变量。

在技术知识扩散环节，从空间上看，知识扩散是一个有向网络。对于具体城市而言，有向网络中城市有“入量”和“出量”两种方向，对应技术关联数据则为城市燃料电池领域发明专利的“引证数量”和“被引证数量”，由此可归结为城市两种能力，即“技术知识吸收能力”和“技术知识溢出能力”。因而，本书在技术知识扩散环节，分别讨论知识基础对“技术知识吸收能力”“技术知识溢出能力”的作用。笔者在国家知识产权局专利信息服务平台上查询引证和被引专利的地址，分别归入城市当中，用“总引证数”和“总被引数”来衡量“技术知识吸收能力”“技术知识溢出能力”，并分别作为燃料电池技术扩散环节的两个被解释变量。

核心解释变量上，本书主要关注不同类型知识基础对技术创新的作用，基于上文对知识基础进行相应分类的分析，将“相关科学知识基础”（用城市发表的燃料电池领域相关的学术论文数来表示）、“相关技术知识基础”（用城市申请的燃料电池领域主要相关的15个技术类别的发明专利数减去燃料电池的发明专利数来表示）、“无关技术知识基础”（用城市申请的除了燃料电池主要关联的15个技术类别以外的发明专利来表示）作为解释变量。

在控制变量选择上，首先，实证模型以“柯布—道格拉斯生产函数”为基础来选择控制变量。“柯布—道格拉斯生产函数”强调了技术、资金和劳动力是区域发展的三大方面，因而本书首先以资金和劳动力投入为控制变量，控制资金和劳动力对技术的影响，然后从城市的创新环境和成本两方面对变量的影响进行控制。具体指标选择依据如下。

1. 创新环境。地方科技投入和教育情况被视为是创新环境中最重要的两方面。科技投入对创新产出的影响已从企业、产业、区域等不同层面得到了实证（王维、李宏扬，2019；孙爱丽等，2016；赵丽娟，2019），学界普遍认可科技投入是创新产出的重要影响因素。教育从科学研究和人才培养两方面对技术创新发挥重要作用。一方面，高校是区域创新系统中的重要一环，高校是开展基础研究的重要场所，是区域重要的知识生产者和传播者（覃雄合等，2017），在区域创新网络中占据核心位置，是推动区域知识流动的枢纽所在（韩增林等，2018）。产学研、三螺旋等协同方式被公认为对区域创新绩效具有积极影响（庄涛，2013）。另一方面，教育培养的高学历人才是创新的重要源泉（马海涛，2017）。鉴于此，国家实行了人才强国战略，各城市均将人才视为提升创新能力的重要资源。基于上述观点，本书将地方对科技和教育的重视程度看作衡量创新环境的两大方面。

2. 成本。对于企业而言，特别是对新兴企业，成本是重要的考量因素，也是制约其发展的重要因素，而企业的选择也直接影响着技术创新的格局。Boschma 和 Van（1994）强调低成本是“第三意大利”工业崛起的一大原因，区位机会窗口的打开与成本因素有紧密关联。黄永春等（2017）的研究也显示，在新兴产业发展中，成本问题仍是制约其发展的重要因素，这对新技术创新的格局产生了直接影响。因此本书将成本因素作为控制变量之一。

综上，本书采用以下控制变量：（1）资金对技术发展起到重要的支撑作用，资金的充裕程度与否影响着创新主体能否持续地为创新提供资金支持，资金也是“柯布—道格拉斯生产函数”强调的重要影响因素。（2）劳动力是“柯布—道格拉斯生产函数”强调的重要影响因素，劳动力作为重要的生产要素，有必要用城市的“职工人数”指标来代表劳动力，以此作为控制变量。（3）新兴技术形成初期，技术研发的用工成本有可能成为技术发展的制约因素；也可能因新兴产业对高层次人才有更大的需求，用工成本更高的地区更容易接触高层次人才，由此成为积极的影响因素。无论用工成本对技术创新产出存在哪一种影响，用工成本都是一个重要的影响因素。因此本书用“职工平均工资”来表示用工成本，以此作为控制变量。（4）城市的教育发展水平直接影响城市的人才基础，而高层次人才是推动产业创新的重要动力，对于新兴技术发展而言，人才更是必不可少的要素。城市公共财政支出中教育支出的比重直接反映了城市对教育的重视程度，因此本书用指标“教育支出占公共财政支出比重”来表示城市的教育对创新产出的影响。（5）城市对创新的重视程度一直被认为是影响创新产出的重要影响因素，而政府公共财政支出中科技支出的比重直接反映了城市对创新的重视程度，因此本书选择指标“科技支出占公共财政支出比重”作为控制变量。(6) 资金是“柯布—道格拉斯生产函数”强调的重要影响因素，充裕的资金为技术创新提供了重要的支撑，因此本书用指标“固定资产投资”来侧面表征城市的资金充裕程度，以控制资金对创新产出的影响。综上，本章的指标选择如表5-1所示。

表5-1　中国燃料电池本地知识基础对技术创新影响的指标选取

指标	表征含义	类型	单位	缩写
城市燃料电池发明专利数	技术知识生产	被解释变量	—	*Patent*
城市燃料电池专利总引证量	技术知识吸收能力	被解释变量	—	*Absorb*
城市燃料电池专利总被引量	技术知识溢出能力	被解释变量	—	*Spill*
燃料电池相关学术论文数	相关科学知识基础	解释变量	篇	*Science*
相关技术类别的发明专利数	相关技术知识基础	解释变量	项	*Relevant*
除相关类别之外的其他发明专利数	无关技术知识基础	解释变量	项	*Irrelevant*
职工平均工资	用工成本	控制变量	元	*Wage*
职工人数	劳动力	控制变量	人	*Practitioner*
教育支出占公共财政支出比重	城市教育投入	控制变量	%	*EDU*
科技支出占公共财政支出比重	城市创新投入	控制变量	%	*Ti*
固定资产投资	资金充裕程度	控制变量	万元	*FAI*

为进行回归分析，本书对所有数据进行了取对数处理以减小数据的异方差，由于指标中存在0值，本书取对数的公式选择如下：

$$Lnx = Ln(1 + x)$$

式中，Lnx表示数据x取对数后的值，x表示需要取对数的数据。

二、数据来源

本书的燃料电池发明专利数、引证关系、被引关系以及相关技术知识基础、无关技术知识基础的数据均来自上海市知识产权（专利）公共服务平台和国家知识产权局专利信息服务平台，专利和论文数据的搜集和处理共分为以下几个步骤。

(1) 首先在上海市知识产权（专利）公共服务平台上下载“燃料电池”

类目的所有发明专利。需要说明的是，陈弘挺（2017）、叶琴（2018）的研究已经论述了上海市知识产权（专利）公共服务平台中的专利数据包含了全国的所有专利；

（2）根据专利申请号，在国家知识产权局专利信息服务平台分别查询并逐个下载该专利的引证专利情况和被引证专利情况；

（3）根据引证专利和被引专利的申请号在国家知识产权局专利信息服务平台上查询并下载引证专利和被引专利的具体信息（如申请年份、申请单位、地址、主分类号等）；

（4）将燃料电池的发明专利以及引证、被引专利进行类别统计，共归结出10个燃料电池技术的主要组成类别以及15个燃料电池技术的相关类别（10个主要组成类别均在15个相关类别之中）；

（5）依据15个燃料电池技术相关类别，对1985—2016年291个地级市这15个相关类别的发明专利数依次进行查询，并查询每个地级市历年的城市总发明专利数，每一个专利技术类别需查询9312次，共计查询次数为148992次；

（6）根据查询到的地址信息将燃料电池技术的发明专利、引证专利、被引专利数据分别归入291个地级市中，结合步骤（5）中查询到的历年各城市的总专利数以及15个类别的专利数，通过简单统计和计算，形成本书所需要的历年各城市的燃料电池技术发明专利数、相关技术知识基础和无关技术知识基础的具体数据；

（7）在中国知网上搜索以燃料电池为主题的论文，将之按照年份和地址归入所属年份和城市中，形成本书的相关科学知识基础。

按照上述步骤，共搜索得到历年291个地级市燃料电池领域的发明专利9065项，42573条引证专利信息，18736条被引专利信息，学术论文5924篇，得到了本书所需要的291个地级市历年的相关科学知识基础、相关技术知识基础和无关技术知识基础的数据。

控制变量的数据来源上，“职工平均工资”“职工人数”“教育支出占公共财政支出比重”“科技支出占公共财政支出比重”“固定资产投资”的数据均来自历年的《中国城市统计年鉴》和《中国区域经济统计年鉴》。

三、模型设置

本书采用面板空间自回归模型对数据进行空间回归，用空间自回归对数据进行分析可以对数据的空间效应进行测算，有助于分析本地知识基础作用的空间表现。面板空间自回归模型的模型构建为：

$$Y_{it} = \mu_i + \gamma_t + \eta Y_{i,t-1} + \rho w_i' Y_t + X_{it}'\beta + \varepsilon_{it}$$

式中，μ_i表示个体效应，γ_t表示时间效应，$\eta Y_{i,t-1}$表示被解释变量的一阶滞后项的影响，$\rho w_i' Y_t$表示被解释变量的空间滞后项，$X_{it}'\beta$表示解释变量的影响，ε_{it}表示扰动项的影响。

本书以城市间的空间距离来定义空间邻近矩阵，空间矩阵 W 的构建如下：

$$W_{n\times n} = \begin{bmatrix} w_{11} & w_{12} & w_{13} & \cdots & w_{1n} \\ w_{21} & w_{22} & w_{23} & \cdots & w_{2n} \\ w_{31} & w_{32} & w_{33} & \cdots & w_{3n} \\ \vdots & \vdots & \vdots & & \vdots \\ w_{n1} & w_{n2} & w_{n3} & \cdots & w_{nn} \end{bmatrix}$$

式中，$W_{n\times n}$表示 n 个城市间的空间矩阵，w_{ij}表示第 i 个城市和第 j 个城市之间行标准化后的距离。由于本书研究对象范围是 291 个地级市，因此笔者采集了 291 个地级市之间的空间直线距离，形成 291 × 291 的距离矩阵 W，即此处 $n=291$，以此作为空间自回归模型中的空间矩阵。对空间距离进行行标准化处理的公式为：

$$w_{ij} = \tilde{w}_{ij} / \sum_{k=1}^{n} \tilde{w}_{ik}$$

式中，$\tilde{w}_{ij}$表示空间矩阵 W 中第 i 行第 j 列的距离，$\tilde{w}_{ik}$表示空间矩阵 W 中第 i 行第 k 列的距离。n 表示矩阵的列数，此处为地级市的个数，即 $n=291$。

进而，本书对所有变量进行单位根检验，以检验指标是否平稳。本书采用 Fisher 面板单位根检验进行检验，其原假设 H0 为存在单位根。本书用 Stata 软件对指标进行 Fisher 面板单位根检验，结果如表 5－2 所示。

Fisher 面板单位根检验显示所有的指标均是平稳的，因此指标间的关系可认为是平稳的，下述的面板空间自回归结果揭示的变量间关系总体趋势也是平稳的。

表 5－2　　Fisher 面板单位根检验结果

	P	Z	L*	Pm
LnPatent	0.0000	0.0000	0.0000	0.0000
LnAbsorb	0.0000	0.0000	0.0000	0.0000
LnSpill	0.0000	0.0000	0.0000	0.0000
LnScience	0.0000	0.0000	0.0000	0.0000
LnRelevant	0.0000	0.0000	0.0000	0.0000
LnIrrelevant	0.0000	0.0000	0.0000	0.0000
LnWage	0.0000	0.0003	0.0000	0.0000
LnPractitioner	0.0000	0.0000	0.0000	0.0000
LnEDU	0.0000	0.0000	0.0000	0.0000
LnTi	0.0000	0.0000	0.0000	0.0000
LnFAI	0.0000	0.0000	0.0000	0.0000

第二节

本地知识基础在技术知识生产环节的作用

一、分阶段本地知识基础对技术知识生产的作用

相关的科学知识基础以及技术知识基础一直对燃料电池技术知识生产具有显著的促进作用，而无关技术知识基础前期对燃料电池技术知识生产的影响不显著。但随着技术的发展，无关技术知识基础逐渐能够为燃料电池技术知识生产提供积极影响。控制变量中，用工成本会抑制燃料电池技术知识生产，而教育投入、科技投入、劳动力和资金等均对燃料电池技术知识生产产生不同程度的积极作用。总体上空间自回归系数显著为正，说明燃料电池技术知识生产的格局总体呈现“高低”集聚分布，燃料电池技术知识生产能力强的城市对周边地区的带动作用不明显，地理邻近的作用不显著。

具体的分阶段结果如下：①在第一阶段（2000—2005 年），对燃料电池技术知识生产具有显著影响的因素极少，仅“相关科学知识基础”（*LnScience*）、“相关技术知识基础”（*LnRelevant*）和“用工成本”（*LnWage*）对“燃料电池发明专利数”（*LnPatent*）具有显著影响，其中“相关科学知识基础”（*LnScience*）、

“相关技术知识基础”（*LnRelevant*）对“燃料电池发明专利数”（*LnPatent*）的回归系数分别为 0.543*** 和 0.033***，具有显著的正向影响，而“用工成本”（*LnWage*）对“燃料电池发明专利数”（*LnPatent*）的回归系数为 -0.008***，用工成本对技术知识生产具有负面影响。这可能是因为早期燃料电池技术刚开始发展，科学知识以及相关的技术知识能够对其技术进步带来助力；而也正是由于早期燃料电池技术刚开始发展，处于投入研发阶段，因此用工成本成为限制其技术发展的一个重要因素。②第二阶段（2006—2010 年）中，“相关科学知识基础”（*LnScience*）、“相关技术知识基础”（*LnRelevant*）和“用工成本”（*LnWage*）对燃料电池的发明专利数的表现依旧与第一阶段中相同，“相关科学知识基础”（*LnScience*）、“相关技术知识基础”（*LnRelevant*）对“燃料电池发明专利数”（*LnPatent*）的回归系数分别为 0.111*** 和 0.030***，具有显著的正向影响；而“用工成本”（*LnWage*）对“燃料电池发明专利数”（*LnPatent*）的回归系数为 -0.008**，显著程度相比第一阶段有所降低，但仍旧具有显著负相关性。第二阶段中，“科技支出占公共财政支出比重”（*LnTi*）对“燃料电池发明专利数”（*LnPatent*）的回归系数为 0.104***，科技投入在第二阶段对燃料电池技术知识生产开始展现出显著的促进作用。③第三阶段（2011—2016 年），显著影响燃料电池技术知识生产的要素越来越多，其中“相关科学知识基础”（*LnScience*）、“相关技术知识基础”（*LnRelevant*）、“无关技术知识基础”（*LnIrrelevant*）、“职工人数”（*LnPractitioner*）、“科技支出占公共财政支出比重”（*LnTi*）、“固定资产投资”（*LnFAI*）对“燃料电池发明专利数”（*LnPatent*）的回归系数分别为 0.123***、0.049**、0.036*、0.184***、0.056***、0.032**，上述因素均对燃料电池技术知识生产表现出显著的促进作用，这可能是因为随着燃料电池技术的发展，燃料电池技术逐渐具备成熟技术的特征，各要素对燃料电池技术的影响逐渐显著。特别是“无关技术知识基础”（*LnIrrelevant*）的影响从前期的不显著转变为显著，表明城市的无关知识基础随着技术的发展会逐渐对燃料电池技术创新提供助力。而“用工成本”（*LnWage*）对“燃料电池发明专利数”（*LnPatent*）的回归系数变为不显著，可能是因为影响燃料电池技术成长的因素逐渐变多，成本上的限制变得不如前期明显。④三个阶段的整体表现（2000—2016 年）上，除“无关技术知识基础”（*LnIrrelevant*）对“燃料电池发明专利数”（*LnPatent*）的回归系数不显著以及“用工成本”（*LnWage*）对“燃料电池发明专利数”（*LnPatent*）的回归系数显著为负之外，其他变量的回归系数均显著为正。“教育支出占公共财政支出比重”（*LnEDU*）在三个阶段中均不显著，但整体上的回归系数显著为正，说明了从短期看教育对燃料电池技术知识的生产不具备显著影响，但长期仍旧能够起到促进作用。

从空间自回归系数上来看，在第一阶段（2000—2005 年）以及第二阶段（2006—2010 年）空间自回归系数均不显著，说明在前两个阶段（2000—2010 年）燃料电池技术的空间影响并不明显。而在第三阶段（2011—2016 年）空间自回归系数为 0.539***，以及整体上（2000—2016 年）空间自回归系数为 0.338***。由于本书中的空间矩阵为城市间的空间距离所组成，故从第三阶段（2011—2016 年）以及整体（2000—2016 年）来看，燃料电池发明专利的空间分布呈现显著的“高低集聚”格局，燃料电池发展好的城市并未能显著带动周边城市的燃料电池技术的发展，地理邻近的作用并不明显，如表 5－3 所示。

表 5－3　本地知识基础对技术知识生产的空间自回归结果

变量	被解释变量：*LnPatent*			
	整体	第一阶段	第二阶段	第三阶段
LnScience	0.535*** (0.012)	0.543*** (0.026)	0.111*** (0.032)	0.123*** (0.037)
LnRelevant	0.071*** (0.009)	0.033*** (0.011)	0.030*** (0.015)	0.049** (0.023)
LnIrrelevant	0.005 (0.010)	0.028 (0.021)	0.037 (0.029)	0.036* (0.021)
LnWage	－0.012** (0.006)	－0.008*** (0.002)	－0.008** (0.004)	－0.011 (0.012)
LnPractitioner	0.182*** (0.023)	0.064 (0.040)	－0.017 (0.042)	0.184*** (0.047)
LnEDU	0.137*** (0.015)	0.009 (0.017)	0.063 (0.053)	0.012 (0.046)
LnTi	0.167*** (0.016)	－0.009 (0.018)	0.104*** (0.033)	0.056*** (0.017)
LnFAI	0.066*** (0.0064)	0.007 (0.009)	0.002 (0.014)	0.032** (0.014)

续表

变量	被解释变量：*LnPatent*			
	整体	第一阶段	第二阶段	第三阶段
Spatial	0.338*** (0.068)	0.200 (0.167)	0.102 (0.251)	0.539*** (0.120)
sigma2_e	0.131*** (0.003)	0.040*** (0.001)	0.062*** (0.002)	0.132*** (0.004)
样本数	4947	1746	1455	1746
R^2	0.680	0.676	0.615	0.631
城市数	291	291	291	291

注：*** 表示在 1% 的水平上显著，** 表示在 5% 水平上显著，* 表示在 10% 水平上显著。Spatial 表示空间自回归系数。

稳健性回归可对模型中可能存在的异方差所导致的标准差估计不准确的情况进行修正，如果稳健性回归与原回归模型的结果一致，则可以认为原面板空间自回归的结果是稳健、可信的。因此有必要对模型进行稳健性回归的比较检验。

稳健性回归结果中有两处表现与原空间自回归的结果不一致，第一处为第三阶段中（2011—2016 年）原空间自回归模型中“无关技术知识基础”（*LnIrrelevant*）对“燃料电池发明专利数”（*LnPatent*）的回归系数显著为正（0.036*），而在稳健性回归中该回归系数不显著；第二处为在第二阶段（2006—2010 年）中，原空间自回归模型的“用工成本”（*LnWage*）对“燃料电池发明专利数”（*LnPatent*）的回归系数显著为负（-0.008**），而在稳健性回归中该处也不显著。这两处不同，与空间自回归中的整体分析并不冲突，稳健性回归的结果整体上仍旧支持了原空间自回归模型中的分析结果。因此对原空间自回归模型的分析是可信的，如表 5-4 所示。

表 5-4　　本地知识基础对技术知识生产的稳健性回归检验

变量	被解释变量：*LnPatent*			
	整体	第一阶段	第二阶段	第三阶段
LnScience	0.535*** (0.052)	0.543*** (0.115)	0.111*** (0.031)	0.123*** (0.046)
LnRelevant	0.071*** (0.010)	0.033** (0.015)	0.030*** (0.012)	0.049*** (0.017)

续表

变量	被解释变量：*LnPatent*			
	整体	第一阶段	第二阶段	第三阶段
LnIrrelevant	0.005 (0.012)	0.028 (0.023)	0.037 (0.031)	0.036 (0.026)
LnWage	-0.012** (0.006)	-0.008*** (0.003)	-0.008 (0.006)	-0.011 (0.012)
LnPractitioner	0.182*** (0.051)	0.064 (0.065)	-0.017 (0.037)	0.184** (0.093)
LnEDU	0.137*** (0.030)	0.009 (0.016)	0.063 (0.069)	0.012 (0.041)
LnTi	0.167*** (0.034)	-0.009 (0.017)	0.104* (0.055)	0.056*** (0.012)
LnFAI	0.066*** (0.011)	0.007 (0.009)	0.002 (0.013)	0.032*** (0.012)
Spatial	0.338*** (0.103)	0.200 (0.123)	0.102 (0.255)	0.539*** (0.089)
sigma2_e	0.131*** (0.012)	0.040*** (0.008)	0.062*** (0.009)	0.132*** (0.013)
样本数	4947	1746	1455	1746
R^2	0.680	0.676	0.615	0.631
城市数	291	291	291	291

注：*** 表示在1%的水平上显著，** 表示在5%水平上显著，* 表示在10%水平上显著。Spatial表示空间自回归系数。

对本地知识基础的直接效应和间接效应进行测算，有助于进一步理解燃料电池技术发展受周边区域的影响情况，从发展阶段来看，燃料电池技术发展前期受间接效应的影响较小，在第一阶段（2000—2005年）与第二阶段（2006—2010年），所以变量的间接效应均不明显，且各指标回归系数的直接效应要显著大于间接效应，说明在前期燃料电池技术的发展主要受到地区内部因素推动。在第三阶段（2011—2016年），指标“相关科学知识基础”（*LnScience*）和“相关技术知识基础”（*LnRelevant*）的间接效应从不显著变为显著，且间接效应的系数大小约为直接效应的1.3倍。可见随着燃料电池技术的发展，其他城市的间接效应对燃料电池技术发展的影响越来越大。而从整体上来看（2000—2016 年），燃料电池技术的发展长时间明显受到其他城市的影响，但总体上直接效应的回归系数是间接效应的 1.9 倍左右，城市自身的直接效应是燃料电池技术发展的最大影响因素，如表 5－5 所示，展示了各阶段空间自回归模型的直接效应和间接效应影响的结果。

表 5－5　本地知识基础对燃料电池技术知识生产的直接效应和间接效应变化

变量	被解释变量：*LnPatent*							
	整体		第一阶段		第二阶段		第三阶段	
	直接效应	间接效应	直接效应	间接效应	直接效应	间接效应	直接效应	间接效应
LnScience	0.536*** (0.019)	0.280*** (0.086)	0.548*** (0.118)	0.161 (0.137)	0.114*** (0.053)	0.004 (0.038)	0.125*** (0.048)	0.163* (0.081)
LnRelevant	0.070*** (0.009)	0.036*** (0.011)	0.032** (0.015)	0.010 (0.010)	0.010*** (0.003)	0.001 (0.004)	0.048*** (0.017)	0.061** (0.031)
LnIrrelevant	0.006 (0.009)	0.003 (0.005)	0.029 (0.021)	0.008 (0.007)	0.049 (0.040)	0.004 (0.012)	0.039* (0.021)	0.046 (0.028)
LnWage	−0.012** (0.006)	−0.007 (0.005)	−0.008*** (0.003)	−0.003 (0.004)	−0.008** (0.004)	−0.001 (0.003)	−0.011 (0.011)	−0.015 (0.017)
LnPractitioner	0.182*** (0.022)	0.095*** (0.033)	0.065 (0.064)	0.028 (0.039)	−0.017 (0.035)	−0.001 (0.010)	0.188** (0.093)	0.242 (0.184)
LnEDU	0.137*** (0.015)	0.072*** (0.024)	0.008 (0.016)	0.004 (0.007)	0.058 (0.070)	0.010 (0.023)	0.004 (0.041)	0.005 (0.055)
LnTi	0.167*** (0.016)	0.087*** (0.028)	−0.008 (0.017)	−0.004 (0.008)	0.103* (0.058)	0.010 (0.0283)	0.056*** (0.024)	0.072 (0.091)
LnFAI	0.066*** (0.006)	0.035*** (0.012)	0.007 (0.009)	0.003 (0.005)	0.001 (0.013)	0.001 (0.004)	0.033*** (0.013)	0.043 (0.028)
Spatial	0.338*** (0.068)	0.338*** (0.068)	0.200 (0.123)	0.200 (0.123)	0.102 (0.255)	0.102 (0.255)	0.539*** (0.089)	0.539*** (0.089)
sigma2_e	0.131*** (0.003)	0.131*** (0.003)	0.040*** (0.008)	0.040*** (0.008)	0.061*** (0.009)	0.061*** (0.009)	0.132*** (0.012)	0.132*** (0.012)
样本数	4947	4947	1746	1746	1455	1455	1746	1746
R^2	0.680	0.680	0.676	0.676	0.615	0.615	0.631	0.631
城市数	291	291	291	291	291	291	291	291

注：*** 表示在 1% 的水平上显著，** 表示在 5% 水平上显著，* 表示在 10% 水平上显著。Spatial 表示空间自回归系数。

二、知识基础的组合作用对技术知识生产的影响

"协同创新理论""区域创新系统"等理论均强调了系统内部高校、企业和科研院所之间的合作对技术创新具有重要意义，而不同类型创新主体之间协同创新包含的深层含义是不同类型知识之间的交互。因此测度不同类型知识之间的组合作用是有重要意义的。

从不同知识的组合作用上来看，"相关科学知识基础"（*LnScience*）、"相关技术知识基础"（*LnRelevant*）、"无关技术知识基础"（*LnIrrelevant*）的组合作用对"燃料电池发明专利数"（*LnPatent*）具有显著的促进作用。其中，"*LnScience* × *LnRelevant*"的回归系数最大，为 0.119 ***，说明相关的科学知识和技术知识之间的组合作用对技术知识生产的作用最为显著。而"*LnScience* × *LnIrrelevant*""*LnRelevant* × *LnIrrelevant*"对燃料电池技术发明专利的回归系数显著为正，说明原先并不显著的无关技术知识基础在相关科学知识基础以及相关技术知识基础的影响之下，可以发挥出对燃料电池发明专利的正向影响，可见区域内部相关知识的引导作用对利用关联程度不大的知识基础具有重要意义。而三类知识基础组合（*LnScience* × *LnRelevant* × *LnIrrelevant*）的回归系数为 0.013 ***，显著为正，这支持了三种不同类型知识的组合作用对技术知识生产具有积极作用，如表 5－6 所示。

表 5－6　不同知识基础间的组合对燃料电池技术知识生产的影响

变量	被解释变量：*LnPatent*			
	整体（2000—2016 年）			
LnScience × *LnRelevant*	0.119 *** （0.003）			
LnScience × *LnIrrelevant*		0.091 *** （0.002）		
LnRelevant × *LnIrrelevant*			0.028 *** （0.001）	

续表

变量	被解释变量：*LnPatent*			
	整体（2000—2016 年）			
LnScience × *LnRelevant* × *LnIrrelevant*				0. 013 *** (0. 001)
LnWage	-0. 011 *** (0. 004)	-0. 012 *** (0. 004)	-0. 005 *** (0. 002)	-0. 011 *** (0. 003)
LnPractitioner	0. 143 *** (0. 021)	0. 153 *** (0. 022)	0. 056 ** (0. 023)	0. 118 *** (0. 021)
LnEDU	0. 107 *** (0. 014)	0. 118 *** (0. 014)	0. 063 *** (0. 015)	0. 095 *** (0. 014)
LnTi	0. 129 *** (0. 015)	0. 142 *** (0. 015)	0. 089 *** (0. 016)	0. 116 *** (0. 015)
LnFAI	0. 047 *** (0. 006)	0. 051 *** (0. 006)	0. 032 *** (0. 006)	0. 039 *** (0. 006)
Spatial	0. 628 *** (0. 037)	0. 660 *** (0. 037)	0. 485 *** (0. 063)	0. 596 *** (0. 037)
sigma2_e	0. 115 *** (0. 002)	0. 118 *** (0. 002)	0. 128 *** (0. 003)	0. 111 *** (0. 002)
样本数	4947	4947	4947	4947
R^2	0. 713	0. 704	0. 600	0. 702
城市数	291	291	291	291

注：*** 表示在 1% 的水平上显著，** 表示在 5% 水平上显著，* 表示在 10% 水平上显著。Spatial 表示空间自回归系数。

对不同类型知识的组合作用进行稳健性回归检验，虽然在指标的显著情况上具有一定的差别，但稳健性回归的结果与原回归模型的结果总体是一致的，说明原回归模型的结果是稳健且可信的。这支持了不同知识基础间的组合作用具有积极作用，并且相关的科学知识以及相关的技术知识能够引导技术创新利用原先无关的知识，实现知识来源上的拓展，如表 5 -7 所示。

表 5－7　不同知识基础间的组合对燃料电池技术知识生产的稳健性回归检验

变量	被解释变量：*LnPatent*			
	整体（2000—2016 年）			
LnScience × *LnRelevant*	0.119*** (0.006)			
LnScience × *LnIrrelevant*		0.091*** (0.005)		
LnRelevant × *LnIrrelevant*			0.028*** (0.003)	
LnScience × *LnRelevant* × *LnIrrelevant*				0.013*** (0.001)
LnWage	−0.011** (0.005)	−0.012** (0.005)	−0.005*** (0.002)	−0.011*** (0.003)
LnPractitioner	0.143*** (0.049)	0.153*** (0.047)	0.056 (0.048)	0.118** (0.049)
LnEDU	0.107*** (0.027)	0.118*** (0.028)	0.063*** (0.024)	0.095*** (0.026)
LnTi	0.129*** (0.031)	0.142*** (0.031)	0.089*** (0.027)	0.116*** (0.030)
LnFAI	0.047*** (0.009)	0.0513*** (0.009)	0.032*** (0.008)	0.039*** (0.009)
Spatial	0.628*** (0.057)	0.660*** (0.055)	0.485*** (0.120)	0.596*** (0.058)
sigma2_e	0.115*** (0.011)	0.118*** (0.011)	0.128*** (0.011)	0.111*** (0.011)
样本数	4947	4947	4947	4947
R^2	0.713	0.704	0.600	0.702
城市数	291	291	291	291

注：*** 表示在 1% 的水平上显著，** 表示在 5% 水平上显著，* 表示在 10% 水平上显著。Spatial 表示空间自回归系数。

为进一步探究知识基础发挥作用的倾向性，借鉴曾海舰（2012）和 Zefeng 等（2018）的研究，从渠道效应是否存在的角度来检验知识基础是否会倾向于通过与别的知识基础共同作用的方式来发挥对燃料电池技术知识生产的影响。简而言之，渠道效应是指某一因素 A，在因素 B 的作用下，会通过 B 的渠道发挥对目标 Y 的作用，即当 A 与 B 交互作用显著的情况下，如果 A 和 B 单独的显著程度出现下降，则认为 A 与 B 会倾向于通过共同作用的渠道发挥部分作用。

如表 5－8 所示，相关科学知识基础、相关技术知识基础和无关技术知识基础的共同作用（*LnScience* × *LnRelevant* × *LnIrrelevant*）的回归系数是极为显著的，且显著为正。与此同时，“相关科学知识基础”（*LnScience*）的回归系数显著程度从表 5－3 中的在 1% 水平显著下降为表 5－8 中的在 5% 水平显著，显著程度出现明显的下降；同样，“相关技术知识基础”（*LnRelevant*）的显著程度也从表 5－3 中的在 1% 水平显著下降为在 5% 水平上显著，而“无关技术知识基础”（*LnIrrelevant*）的回归系数仍旧不显著。上述结果说明，在 3 种类型知识基础均存在的情况下，相关科学知识基础以及相关技术知识基础会倾向于通过三种类型知识基础组合作用的渠道来发挥它们的部分作用，而且组合作用的渠道效应存在，支持了不同知识基础会倾向于通过组合作用的方式来发挥影响。

表 5－8　不同知识基础组合对燃料电池技术知识生产的渠道效应检验

变量	被解释变量：*LnPatent*		
	整体（2000—2016 年）		
LnScience	0.058 ** (0.026)		
LnRelevant		0.066 ** (0.031)	
LnIrrelevant			0.054 (0.121)
LnScience × *LnRelevant* × *LnIrrelevant*	0.014 *** (0.001)	0.012 *** (0.001)	0.013 *** (0.0001)
LnWage	－0.012 *** (0.004)	－0.004 * (0.002)	－0.005 ** (0.002)
LnPractitioner	0.114 *** (0.021)	0.109 *** (0.021)	0.113 *** (0.021)
LnEDU	0.094 *** (0.014)	0.068 *** (0.014)	0.079 *** (0.014)

续表

变量	被解释变量：*LnPatent*		
	整体（2000—2016 年）		
LnTi	0.115*** (0.015)	0.087*** (0.015)	0.098*** (0.015)
LnFAI	0.038*** (0.006)	0.038*** (0.006)	0.044*** (0.006)
Spatial	0.594*** (0.037)	0.165*** (0.059)	0.210*** (0.064)
sigma2_e	0.111*** (0.002)	0.109*** (0.002)	0.110*** (0.002)
样本数	4947	4947	4947
R^2	0.697	0.729	0.723
城市数	291	291	291

注：*** 表示在 1% 的水平上显著，** 表示在 5% 水平上显著，* 表示在 10% 水平上显著。Spatial 表示空间自回归系数。

稳健性回归结果显示，与原回归模型出现较大差异的是“相关科学知识基础”（*LnScience*）对“燃料电池发明专利数”（*LnPatent*）的回归系数变得不显著，其他变量的回归系数特征均与原模型保持一致，而稳健性回归的结果更加证明了不同知识基础之间组合作用的渠道效应是存在的，特别是相关科学知识基础更加倾向于通过与技术知识的组合作用发挥其对技术知识生产的影响，如表 5－9 所示。

表 5－9　不同知识基础组合对燃料电池技术知识生产渠道效应的稳健性回归结果

变量	被解释变量：*LnPatent*		
	整体（2000—2016 年）		
LnScience	0.058 (0.070)		
LnRelevant		0.066** (0.030)	
LnIrrelevant			0.054 (0.102)

续表

变量	被解释变量：*LnPatent* 整体（2000—2016 年）		
LnScience × *LnRelevant* × *LnIrrelevant*	0. 014 *** (0. 002)	0. 012 *** (0. 001)	0. 013 *** (0. 001)
LnWage	-0. 011 *** (0. 004)	-0. 004 ** (0. 002)	-0. 005 *** (0. 002)
LnPractitioner	0. 114 ** (0. 049)	0. 109 ** (0. 048)	0. 113 ** (0. 048)
LnEDU	0. 094 *** (0. 026)	0. 068 *** (0. 023)	0. 079 *** (0. 023)
LnTi	0. 115 *** (0. 030)	0. 087 *** (0. 025)	0. 098 *** (0. 026)
LnFAI	0. 038 *** (0. 009)	0. 038 *** (0. 009)	0. 044 *** (0. 009)
Spatial	0. 594 *** (0. 059)	0. 165 ** (0. 075)	0. 210 ** (0. 093)
sigma2_e	0. 111 *** (0. 011)	0. 109 *** (0. 010)	0. 110 *** (0. 010)
样本数	4947	4947	4947
R^2	0. 697	0. 729	0. 723
城市数	291	291	291

注：*** 表示在 1% 的水平上显著，** 表示在 5% 水平上显著，* 表示在 10% 水平上显著。Spatial 表示空间自回归系数。

第三节

本地知识基础在技术知识扩散环节的作用

对于城市而言，在一个知识流动的空间中具有“入量”“出量”两个量，也就对应了城市的两种能力，即城市对于技术知识的“吸收能力”和“溢出能力”。因而从“技术知识吸收能力”和“技术知识溢出能力”两方面对燃料电池技术知识扩散环节进行分析是很有必要的。

一、本地知识基础对技术知识吸收能力的影响

（一）分阶段知识基础对技术知识吸收能力的影响

如表5－10所示，除无关技术知识基础的表现存在差异外，其他因素对燃料电池技术知识吸收能力的影响与对技术知识生产的影响整体相似。无关技术知识基础在第一阶段（2000—2005年）对技术知识吸收能力影响显著为负（－0.038**），而到了第三阶段（2011—2016年），无关技术知识基础的影响转变为显著为正（0.079**），说明在燃料电池技术发展过程中，无关技术知识基础的影响会随之产生转变。早期无关知识的积累越雄厚，可能会对燃料电池这类新技术的发展产生挤出作用，而随着燃料电池技术的不断成熟以及技术领域的不断扩展深化，无关知识的积累则可能会反过来帮助燃料电池技术更好的理解、吸收知识。因此，无关技术知识基础的作用与燃料电池技术的发展阶段具有极强的相关性。

其他因素影响上，相关科学知识基础以及相关技术知识基础在三个阶段均对燃料电池技术知识吸收能力具有显著的促进作用。控制变量中，用工成本会抑制燃料电池技术知识吸收能力，而教育投入、科技投入、劳动力和资金等均对燃料电池技术知识吸收能力具有不同程度的积极作用。在空间自回归系数整体显著为正，说明燃料电池技术知识吸收能力的格局总体呈现“高低”集聚分布，如表5－10所示。

表5－10　本地知识基础对技术知识吸收能力的空间自回归结果

变量	被解释变量：*LnAbsorb*			
	整体	第一阶段	第二阶段	第三阶段
LnScience	0.865*** (0.033)	0.800*** (0.040)	0.205*** (0.058)	0.252*** (0.071)
LnRelevant	0.127*** (0.016)	0.056*** (0.018)	0.031*** (0.012)	0.033*** (0.013)
LnIrrelevant	0.013 (0.017)	－0.038** (0.017)	0.078 (0.049)	0.079** (0.034)
LnWage	－0.030** (0.014)	－0.015 (0.022)	－0.002 (0.020)	－0.022 (0.022)

续表

变量	被解释变量：*LnAbsorb*			
	整体	第一阶段	第二阶段	第三阶段
LnPractitioner	0.308*** (0.040)	0.090 (0.063)	0.089 (0.075)	0.282*** (0.089)
LnEDU	0.217*** (0.026)	0.001 (0.027)	0.071 (0.093)	0.003 (0.106)
LnTi	0.262*** (0.028)	0.002 (0.028)	0.118** (0.055)	0.056*** (0.017)
LnFAI	0.096*** (0.011)	0.010 (0.014)	0.018 (0.025)	0.030 (0.027)
Spatial	0.255*** (0.073)	0.222 (0.171)	0.308* (0.176)	0.216 (0.201)
sigma2_e	0.398*** (0.008)	0.098*** (0.003)	0.195*** (0.007)	0.478*** (0.016)
样本数	4947	1746	1455	1746
R^2	0.643	0.675	0.598	0.609
城市数	291	291	291	291

注：*** 表示在 1% 的水平上显著，** 表示在 5% 水平上显著，* 表示在 10% 水平上显著。Spatial 表示空间自回归系数。

分阶段来看各变量的具体影响：①在第一阶段（2000—2005 年）中，对燃料电池技术知识吸收能力具有显著影响的因素极少，仅三个知识基础“相关科学知识基础”（*LnScience*）、“相关技术知识基础”（*LnRelevant*）和“无关技术知识基础”（*LnIrrelevant*）对“技术知识吸收能力”（*LnAbsorb*）具有显著影响，其中“相关科学知识基础”（*LnScience*）、“相关技术知识基础”（*LnRelevant*）对“技术知识吸收能力”（*LnAbsorb*）的回归系数分别为 0.800*** 和 0.056***，具有显著的正向影响，表明相关的科学知识和技术知识对早期城市吸收外部技术知识具有促进作用；而“无关技术知识基础”（*LnIrrelevant*）对“技术知识吸收能力”（*LnAbsorb*）的回归系数为 -0.038**，无关技术知识基础对技术知识吸收能力呈现负面影响，这可能与无关技术知识积累过多会对新技术的出现产生挤出效应有关；②第二阶段（2006—2010 年）中，回归系数显著的影响因子依旧很少，“相关科学知识基础”（*LnScience*）、“相关技术知识基础”（*LnRelevant*）对“技术知识吸收能力”（*LnAbsorb*）的表现依旧与第一阶段中相同，“相关科学知识基础”（*LnScience*）、“相关技术知识基础”（*LnRelevant*）对“技术知识吸收能力”（*LnAbsorb*）的回归系数分别为 0.205***和 0.031***，具有显著的正向影响；而“科技支出占公共财政支出比重”（*LnTi*）对“技术知识吸收能力”（*LnAbsorb*）从第 1 阶段中的不显著转变为显著为正，回归系数为 0.118**，说明在第 2 阶段中，科技投入开始对燃料电池技术知识吸收能力展现出显著的促进作用。而在第 2 阶段中“无关技术知识基础”（*LnIrrelevant*）对“技术知识吸收能力”（*LnAbsorb*）的回归系数不再显著，说明无关知识对燃料电池技术知识吸收能力的抑制作用在减弱；③第三阶段（2011—2016 年），显著影响燃料电池技术知识吸收能力的因子相对较多，“相关科学知识基础”（*LnScience*）、“相关技术知识基础”（*LnRelevant*）、“无关技术知识基础”（*LnIrrelevant*）、“职工人数”（*LnPractitioner*）、“科技支出占公共财政支出比重”（*LnTi*）、对“技术知识吸收能力”（*LnAbsorb*）的回归系数分别为 0.252***、0.033***、0.079**、0.282***、0.056***，上述因素对燃料电池技术知识吸收能力表现出显著的促进作用，说明了随着技术的发展，其他要素对技术的影响会越来越明显。值得关注的是，“无关技术知识基础”（*LnIrrelevant*）的影响从第一阶段的显著为负（-0.038**）转变为第三阶段的显著为正（0.079**），这直接说明了随着燃料电池技术的发展，虽然无关技术知识雄厚的城市在早期可能对新技术具有挤出效应，但最终会为新技术的发展提供助力。④从三个阶段的整体表现（2000—2016 年）上来看，除了“无关技术知识基础”（*LnIrrelevant*）对“燃料电池发明专利数”（*LnPatent*）的回归系数不显著以及“用工成本”（*LnWage*）对“技术知识吸收能力”（*LnAbsorb*）的回归系数显著为负之外，其他变量的回归系数均显著为正。而变量“用工成本”（*LnWage*）、“教育支出占公共财政支出比重”（*LnEDU*）、“固定资产投资”（*LnFAI*）在 3 个阶段中均不显著，但在三个阶段总体回归上系数的显著变化说明了从短期看成本、教育和资金对燃料电池技术知识吸收能力不具备显著影响，但长期上仍旧能够起到显著作用。并且用工成本对技术知识吸收能力的负面影响要比对技术知识生产环节的影响更小。

从空间自回归系数上来看，虽然在第一阶段（2000—2005 年）以及第三阶段（2011—2016 年）空间自回归系数均不显著，但空间自回归系数在第二阶段（2006—2010 年）为 0.308*以及整体上（2000—2016 年）为 0.255***，说明从总体上看燃料电池发明专利的空间分布呈现显著的“高低集聚”格局，地理邻近对周边燃料电池技术吸收能力的带动作用并不明显。

从稳健性回归的结果上来看，稳健性回归结果中有3处表现与原空间自回归的结果不一致，分别为整体（2000—2016年）回归中“用工成本”（*LnWage*）的回归系数以及第二阶段（2006—2010年）回归中“科技支出占公共财政支出比重”（*LnTi*）的回归系数从原模型中的显著变为稳健性回归中的不显著，并且空间自回归系数在第一阶段（2000—2005年）从原模型中的不显著变为显著为正。虽然稳健性回归与原空间自回归结果存在一定差别，但核心变量的表现保持稳定，各变量整体的表现与原模型保持一致，因此稳健性回归的结果整体上仍旧支持了原空间自回归模型中的分析结果，结果是可信的，如表5-11所示。

表5-11　本地知识基础对技术知识吸收能力的稳健性回归检验

变量	被解释变量：*LnAbsorb*			
	整体	第一阶段	第二阶段	第三阶段
LnScience	0.865*** (0.072)	0.800*** (0.152)	0.205* (0.124)	0.252*** (0.087)
LnRelevant	0.127*** (0.018)	0.056** (0.0235)	0.031*** (0.013)	0.033*** (0.012)
LnIrrelevant	0.013 (0.0214)	-0.038** (0.018)	0.078 (0.050)	0.079** (0.039)
LnWage	-0.030 (0.0188)	-0.015 (0.015)	-0.002 (0.009)	-0.022 (0.021)
LnPractitioner	0.308*** (0.081)	0.090 (0.093)	0.089 (0.058)	0.282 (0.180)
LnEDU	0.217*** (0.046)	0.001 (0.024)	0.071 (0.139)	0.003 (0.077)
LnTi	0.262*** (0.051)	0.002 (0.027)	0.118 (0.086)	0.056*** (0.018)
LnFAI	0.096*** (0.019)	0.010 (0.013)	0.018 (0.026)	0.030 (0.026)

续表

变量	被解释变量：*LnAbsorb*			
	整体	第一阶段	第二阶段	第三阶段
Spatial	0.255** (0.110)	0.222* (0.122)	0.308* (0.161)	0.216 (0.145)
sigma2_e	0.398*** (0.030)	0.098*** (0.018)	0.195*** (0.026)	0.478*** (0.042)
样本数	4947	1746	1455	1746
R^2	0.643	0.675	0.598	0.609
城市数	291	291	291	291

注：*** 表示在1%的水平上显著，** 表示在5%水平上显著，* 表示在10%水平上显著。Spatial表示空间自回归系数。

如表5－12所示，本地知识基础对技术知识吸收能力的直接效应影响程度明显比间接效应更高；整体回归系数大小上，本地知识基础对技术知识吸收能力影响的直接效应回归系数是间接效应回归系数的2.8倍左右，而本地知识基础对技术知识生产的直接效应仅为间接效应的1.9倍左右。且分阶段来看，各影响因素的间接效应回归系数均不显著，并且间接效应占直接效应的比重也没有明显增长。因此，在对技术知识吸收能力的影响上，本地要素的直接作用占据了绝对的主导地位，不易受其他地区的间接影响。相比较而言，在对燃料电池技术知识生产的影响上，其他地区的间接影响则要显著且重要得多。

表5－12　本地知识基础对燃料电池技术吸收能力的直接效应和间接效应变化

变量	被解释变量：*LnAbsorb*							
	整体		第一阶段		第二阶段		第三阶段	
	直接效应	间接效应	直接效应	间接效应	直接效应	间接效应	直接效应	间接效应
LnScience	0.866*** (0.034)	0.304*** (0.118)	0.806*** (0.156)	0.270 (0.217)	0.208*** (0.059)	0.124 (0.133)	0.255*** (0.073)	0.101 (0.136)
LnRelevant	0.126*** (0.016)	0.044*** (0.016)	0.055** (0.022)	0.020 (0.018)	0.029 (0.026)	0.015 (0.022)	0.031 (0.041)	0.009 (0.028)

续表

变量	被解释变量：*LnAbsorb*							
	整体		第一阶段		第二阶段		第三阶段	
	直接效应	间接效应	直接效应	间接效应	直接效应	间接效应	直接效应	间接效应
LnIrrelevant	0.014 (0.017)	0.004 (0.006)	-0.039 ** (0.017)	-0.013 (0.011)	0.082 (0.052)	0.043 (0.041)	0.084 * (0.047)	0.027 (0.047)
LnWage	-0.030 ** (0.013)	-0.010 (0.006)	-0.015 (0.0145)	-0.005 (0.007)	-0.002 (0.019)	-0.001 (0.014)	-0.022 (0.021)	-0.009 (0.017)
LnPractitioner	0.309 *** (0.038)	0.109 ** (0.046)	0.090 (0.090)	0.041 (0.059)	0.090 (0.071)	0.056 (0.090)	0.283 *** (0.085)	0.109 (0.151)
LnEDU	0.218 *** (0.026)	0.077 ** (0.031)	0.001 (0.025)	0.002 (0.010)	0.064 (0.093)	0.026 (0.073)	0.004 (0.106)	0.007 (0.068)
LnTi	0.262 *** (0.027)	0.092 ** (0.036)	0.004 (0.027)	-0.002 (0.011)	0.116 ** (0.056)	0.063 (0.073)	0.055 *** (0.015)	0.023 (0.021)
LnFAI	0.097 *** (0.011)	0.034 ** (0.015)	0.010 (0.013)	0.005 (0.008)	0.019 (0.025)	0.015 (0.028)	0.031 (0.026)	0.013 (0.022)
Spatial	0.255 *** (0.073)	0.255 *** (0.073)	0.222 * (0.122)	0.222 * (0.122)	0.308 * (0.176)	0.308 * (0.176)	0.216 (0.201)	0.216 (0.201)
sigma2_e	0.398 *** (0.008)	0.398 *** (0.008)	0.098 *** (0.018)	0.098 *** (0.018)	0.195 *** (0.007)	0.195 *** (0.007)	0.478 *** (0.016)	0.478 *** (0.016)
样本数	4947	4947	1746	1746	1455	1455	1746	1746
R^2	0.643	0.643	0.675	0.675	0.598	0.598	0.609	0.609
城市数	291	291	291	291	291	291	291	291

注：*** 表示在1%的水平上显著，** 表示在5%水平上显著，* 表示在10%水平上显著。Spatial表示空间自回归系数。

（二）知识基础的组合作用对技术知识吸收能力的影响

在2000—2016年，燃料电池技术相关的科学知识和技术知识能够共同对燃料电池技术知识吸收能力起到积极作用，并且能够引导无关技术知识基础发挥出积极作用，可见区域内部不同知识基础的组合作用对技术知识的吸收能力具有重要意义，不同知识类型与知识基础的组合对燃料电池技术知识吸收能力均有显著的正向影响，如表5-13所示。

表 5-13　不同知识基础间的组合对燃料电池技术知识吸收能力的影响

变量	被解释变量：*LnAbsorb*			
	整体（2000—2016 年）			
LnScience × *LnRelevant*	0.180*** (0.005)			
LnScience × *LnIrrelevant*		0.140*** (0.004)		
LnRelevant × *LnIrrelevant*			0.043*** (0.001)	
LnScience × *LnRelevant* × *LnIrrelevant*				0.019*** (0.001)
LnWage	-0.028** (0.013)	-0.029** (0.013)	-0.012 (0.014)	-0.029** (0.013)
LnPractitioner	0.252*** (0.038)	0.265*** (0.038)	0.129*** (0.040)	0.219*** (0.038)
LnEDU	0.183*** (0.025)	0.198*** (0.025)	0.124*** (0.027)	0.173*** (0.025)
LnTi	0.219*** (0.026)	0.236*** (0.027)	0.166*** (0.028)	0.209*** (0.027)
LnFAI	0.070*** (0.010)	0.076*** (0.010)	0.049*** (0.011)	0.060*** (0.010)
Spatial	0.631*** (0.039)	0.654*** (0.039)	0.360*** (0.065)	0.619*** (0.040)
sigma2_e	0.369*** (0.007)	0.374*** (0.007)	0.395*** (0.008)	0.370*** (0.007)
样本数	4947	4947	4947	4947
R^2	0.647	0.643	0.582	0.626
城市数	291	291	291	291

注：*** 表示在 1% 的水平上显著，** 表示在 5% 水平上显著，* 表示在 10% 水平上显著。Spatial 表示空间自回归系数。

具体来看："相关科学知识基础"（*LnScience*）、"相关技术知识基础"（*LnRelevant*）和"无关技术知识基础"（*LnIrrelevant*）的组合作用对"燃料电池技术知识吸收能力"（*LnAborsb*）具有显著的促进作用。其中"*LnScience* ×

LnRelevant”的回归系数最大（0.180***），说明相关的科学知识和技术知识之间的组合对技术知识吸收能力的作用是最大的。而“*LnScience* × *LnIrrelevant*”以及“*LnRelevant* × *LnIrrelevant*”对燃料电池技术吸收能力的回归系数均显著为正，说明原先并不显著的无关技术知识基础在相关科学知识基础以及相关技术知识基础的影响之下，可以发挥出对燃料电池技术吸收能力的正向影响。而三类知识基础组合”（*LnScience* × *LnRelevant* × *LnIrrelevant*）的回归系数显著为正，也支持了三种不同类型知识的组合作用对技术知识吸收能力具有积极作用。

对不同类型知识的组合作用进行稳健性回归检验。稳健性回归与原模型回归中，最显著的差别是“用工成本”（*LnWage*）对“燃料电池技术知识吸收能力”（*LnAborsb*）的回归系数不再显著，说明用工成本对技术知识吸收能力的消极作用有可能被过度估计。其他指标的表现虽然在显著情况上具有一定的差别，但稳健性回归的结果与原回归模型的结果总体是一致的，说明原回归模型的结果是可信的。因此在整体上，不同知识基础类型的组合作用是明显的，如表5-14所示。

表5-14　不同知识基础间的组合对燃料电池技术知识生产的稳健性回归检验

变量	被解释变量：*LnAbsorb*			
	整体（2000—2016年）			
LnScience × *LnRelevant*	0.180*** (0.008)			
LnScience × *LnIrrelevant*		0.140*** (0.006)		
LnRelevant × *LnIrrelevant*			0.043*** (0.004)	
LnScience × *LnRelevant* × *LnIrrelevant*				0.019*** (0.001)
LnWage	-0.028 (0.017)	-0.029 (0.018)	-0.012 (0.0139)	-0.029* (0.017)
LnPractitioner	0.252*** (0.079)	0.265*** (0.079)	0.129* (0.076)	0.219*** (0.081)
LnEDU	0.183*** (0.046)	0.198*** (0.046)	0.124*** (0.040)	0.173*** (0.046)

续表

变量	被解释变量：*LnAbsorb*			
	整体（2000—2016 年）			
LnTi	0.219*** (0.052)	0.236*** (0.052)	0.166*** (0.045)	0.209*** (0.052)
LnFAI	0.070*** (0.015)	0.076*** (0.015)	0.049*** (0.015)	0.060*** (0.015)
Spatial	0.631*** (0.055)	0.654*** (0.054)	0.360*** (0.107)	0.619*** (0.057)
sigma2_e	0.369*** (0.029)	0.374*** (0.029)	0.395*** (0.029)	0.370*** (0.029)
样本数	4947	4947	4947	4947
R^2	0.647	0.643	0.582	0.626
城市数	291	291	291	291

注：*** 表示在 1% 的水平上显著，** 表示在 5% 水平上显著，* 表示在 10% 水平上显著。Spatial 表示空间自回归系数。

由于本地知识基础对燃料电池技术吸收能力的影响中，无关技术知识基础对吸收能力在第一阶段（2000—2005 年）和第三阶段（2011—2016 年）中的表现是相反的，对无关技术知识基础渠道效应的解释也是不清晰的，因此此处仅检验相关科学知识基础与相关技术知识基础组合作用的渠道效应是否存在，进一步研究知识基础发挥作用的倾向性。

经与上文表 5 - 10 中知识基础单独作用时的回归结果对比，表 5 - 15 中相关科学知识基础与相关技术知识基础的组合作用（*LnScience* × *LnRelevant*）是显著为正的，而“相关科学知识基础”（*LnScience*）、“相关技术知识基础”（*LnRelevant*）的回归系数在它们组合作用存在的情况下，仍旧在 1% 水平上显著，因此进一步比较它们的 Z 统计量变化（Z 统计量越大，显著水平越高）。表 5 - 10 中“相关科学知识基础”（*LnScience*）在单独作用时的 Z 统计量值为 26.21，“相关技术知识基础”（*LnRelevant*）在单独作用时的 Z 统计量值为 7.93；而在下表 5 - 15 中组合作用存在的情况下，“相关科学知识基础”（*LnScience*）的 Z 统计量值为 3.02，“相关技术知识基础”（*LnRelevant*）的 Z 统计量值为 3.77。两个知识基础的 Z 统计量在组合作用存在的情况下均出现了明显的下降，说明两个知识基础的作用会倾向于通过组合作用的形式发挥其部分对燃料电池技术知识吸收能力的作用，因此相关技术知识基础与相关科学知识基础组合作用的渠道效应仍是存在的。将单独作用和组合作用存在时稳健性回归中的Z统计量进行比较，同样发现“相关科学知识基础”（*LnScience*）的Z统计量值从12.01下降至2.86，“相关技术知识基础”（*LnRelevant*）的Z统计量值从7.06下降至2.38，说明稳健性回归检验同样支持了相关技术知识基础与相关科学知识基础组合作用的渠道效应是存在的，如表5－15所示。

表5－15　不同知识基础组合对燃料电池技术知识吸收能力的渠道效应检验

变量	被解释变量：*LnAbsorb*			
	整体（2000—2016年）			
	空间自回归		稳健性回归检验	
LnScience	0.505*** (0.167)		0.505*** (0.176)	
LnRelevant		0.117*** (0.031)		0.117*** (0.049)
LnScience × *LnRelevant*	0.250*** (0.010)	0.173*** (0.005)	0.250*** (0.023)	0.173*** (0.008)
LnWage	−0.026** (0.013)	−0.020 (0.013)	−0.026 (0.017)	−0.020 (0.016)
LnPractitioner	0.226*** (0.038)	0.239*** (0.038)	0.226*** (0.080)	0.239*** (0.077)
LnEDU	0.165*** (0.025)	0.140*** (0.025)	0.165*** (0.045)	0.140*** (0.040)
LnTi	0.200*** (0.026)	0.173*** (0.026)	0.200*** (0.051)	0.173*** (0.045)
LnFAI	0.062*** (0.010)	0.068*** (0.010)	0.062*** (0.015)	0.068*** (0.015)
Spatial	0.608*** (0.040)	0.182*** (0.064)	0.608*** (0.056)	0.182** (0.076)
sigma2_e	0.365*** (0.007)	0.362*** (0.007)	0.365*** (0.029)	0.362*** (0.028)
样本数	4947	4947	4947	4947
R^2	0.641	0.672	0.641	0.672
城市数	291	291	291	291

注：***表示在1%的水平上显著，**表示在5%水平上显著，*表示在10%水平上显著。Spatial表示空间自回归系数。

二、本地知识基础对技术知识溢出能力的影响

（1）分阶段知识基础对技术知识溢出能力的影响

在表5-16所示的本地知识基础对燃料电池技术溢出能力的影响结果上，相关科学知识基础和相关技术知识基础对技术知识溢出能力具有显著的正向影响，说明相关科学知识基础和相关技术知识基础无论是对城市燃料电池技术知识生产、技术吸收能力还是技术溢出能力均具有显著的积极影响。而无关技术知识基础对溢出知识的影响则在三个阶段中均不显著，说明无关技术知识基础对城市燃料电池技术知识溢出能力并无显著的作用。对技术知识溢出能力影响显著的控制变量也相对较少，包括用工成本、劳动力等对技术知识溢出能力的作用也一直不显著，而科技、教育投入以及资金对燃料电池技术知识溢出能力整体上呈现出不同程度的促进作用。空间自回归系数在整体上显著为正，说明城市燃料电池技术知识溢出能力在空间上呈现出“高低”集聚格局，这与城市燃料电池技术知识生产和技术知识吸收能力的表现相似。

进而具体分析各变量在各阶段的表现：①在第一阶段（2000—2005年）中，除知识基础之外的变量对燃料电池技术知识溢出能力均不具备显著影响。“相关科学知识基础”（*LnScience*）、“相关技术知识基础”（*LnRelevant*）对“技术知识溢出能力”（*LnSpill*）的影响依旧稳定且显著，回归系数分别为 0.653^{***} 和 0.052^{***}，具有显著的积极作用，表明相关科学知识和技术知识的发展能够提升城市在该领域的影响力，增进其知识溢出能力；而无关技术知识基础以及所有控制变量的回归系数在第一阶段（2000—2005年）均不显著，说明早期城市技术知识溢出能力仅与领域内的知识发展具有较高的关联；②第二阶段（2006—2010年）中，“相关科学知识基础”（*LnScience*）、“相关技术知识基础”（*LnRelevant*）对“技术知识溢出能力”（*LnSpill*）具有显著的正向影响（回归系数分别为 0.042^{***}、0.015^{***}）；同时，“科技支出占公共财政支出比重”（*LnTi*）、“固定资产投资”（*LnFAI*）对“技术知识溢出能力”（*LnSpill*）影响的回归系数分别为 0.129^{**}、0.033^{*}，显著为正，说明城市在创新和资金上的投入能够促进城市燃料电池技术知识的溢出能力，这可能是因为创新和资金上的投入能够支持燃料电池技术上的快速发展，从而提升技术上的领先水

平，间接增加了城市在燃料电池领域的影响力和知识溢出能力；③第三阶段（2011—2016 年）影响显著的变量与第一阶段相同，仅“相关科学知识基础”（*LnScience*）、“相关技术知识基础”（*LnRelevant*）对“技术知识溢出能力”（*LnSpill*）具有显著正向影响，回归系数分别为 0.034*** 和 0.007***，而其他变量均不显著。这也说明了城市的燃料电池技术溢出能力主要与相关领域的技术、科学知识发展有关，受其他因素的影响较少；④从三个阶段的整体表现（2000—2016 年）来看，除“无关技术知识基础”（*LnIrrelevant*）、“用工成本”（*LnWage*）、“职工人数”（*LnPractitioner*）对“技术知识溢出能力”（*LnSpill*）的影响不显著外，其他因素均对燃料电池技术知识溢出能力产生一定的积极影响，说明从长期看不仅相关科学知识基础、相关技术知识基础对技术的溢出能力具有明显的影响，而且城市在教育、科技上的投入以及资金的充裕也能够为技术的发展提供助力，从而间接提升其溢出能力。

从空间自回归系数上来看，第一阶段（2000—2005 年）和第二阶段（2006—2010 年）的空间自回归系数不显著，而在第三阶段（2011—2016 年）空间自回归系数为 0.664***，以及整体上（2000—2016 年）空间自回归系数为 0.447***，说明在该阶段，燃料电池发明专利的空间分布呈现显著的“高低集聚”格局，地理邻近对燃料电池技术溢出能力的影响也不明显，如表 5 - 16 所示。总体上看，空间自回归系数在技术知识生产、技术知识吸收能力、技术知识溢出能力上的表现是相近的。

表 5 - 16　本地知识基础对技术知识溢出能力的空间自回归结果

变量	被解释变量：*LnSpill*			
	整体	第一阶段	第二阶段	第三阶段
LnScience	0.412*** (0.021)	0.653*** (0.043)	0.042*** (0.015)	0.034*** (0.012)
LnRelevant	0.017*** (0.005)	0.052*** (0.018)	0.015*** (0.005)	0.007*** (0.002)
LnIrrelevant	-0.007 (0.010)	-0.018 (0.018)	0.031 (0.023)	0.003 (0.023)
LnWage	0.003 (0.009)	0.003 (0.023)	0.073 (0.054)	0.003 (0.011)

续表

变量	被解释变量：*LnSpill*			
	整体	第一阶段	第二阶段	第三阶段
LnPractitioner	0.024 (0.026)	0.069 (0.064)	0.131 (0.153)	-0.012 (0.045)
LnEDU	0.112*** (0.017)	-0.023 (0.028)	0.011 (0.064)	0.063 (0.053)
LnTi	0.142*** (0.018)	0.010 (0.029)	0.129** (0.067)	0.011 (0.054)
LnFAI	0.028*** (0.007)	0.013 (0.015)	0.033* (0.017)	0.004 (0.013)
Spatial	0.447*** (0.075)	0.201 (0.177)	0.410 (0.349)	0.664*** (0.108)
sigma2_e	0.162*** (0.003)	0.109*** (0.004)	0.098*** (0.004)	0.121*** (0.004)
样本数	4947	1746	1455	1746
R^2	0.544	0.473	0.487	0.425
城市数	291	291	291	291

注：*** 表示在1%的水平上显著，** 表示在5%水平上显著，* 表示在10%水平上显著。Spatial表示空间自回归系数。

稳健性回归结果显示，除一些变量的回归系数在显著程度上与原空间自回归模型具有一定从差别外，在本地知识基础对技术知识溢出能力的回归结果上，稳健性回归与原空间自回归模型的结果是高度一致的，因此原空间自回归模型的结果总体是可信的，如表5-17所示。

表5-17　本地知识基础对技术知识溢出能力的稳健性回归检验

变量	被解释变量：*LnSpill*			
	整体	第一阶段	第二阶段	第三阶段
LnScience	0.412*** (0.075)	0.653*** (0.135)	0.042*** (0.015)	0.034*** (0.013)
LnRelevant	0.017*** (0.006)	0.052*** (0.015)	0.015*** (0.006)	0.007** (0.003)

续表

变量	被解释变量：*LnSpill*			
	整体	第一阶段	第二阶段	第三阶段
LnIrrelevant	-0.007 (0.006)	-0.018 (0.014)	0.031 (0.021)	0.003 (0.013)
LnWage	0.003 (0.012)	0.003 (0.012)	0.073 (0.062)	0.003 (0.006)
LnPractitioner	0.024 (0.053)	0.069 (0.068)	0.131 (0.190)	-0.012 (0.053)
LnEDU	0.112*** (0.026)	-0.023 (0.018)	0.011 (0.070)	0.063 (0.044)
LnTi	0.142*** (0.031)	0.010 (0.018)	0.129* (0.066)	0.011 (0.054)
LnFAI	0.028** (0.010)	0.013 (0.010)	0.033* (0.017)	0.004 (0.010)
Spatial	0.447*** (0.070)	0.201 (0.126)	0.410 (0.255)	0.664*** (0.068)
sigma2_e	0.162*** (0.025)	0.109*** (0.026)	0.098*** (0.018)	0.121*** (0.018)
样本数	4947	1746	1455	1746
R^2	0.544	0.473	0.487	0.425
城市数	291	291	291	291

注：*** 表示在1%的水平上显著，** 表示在5%水平上显著，* 表示在10%水平上显著。Spatial表示空间自回归系数。

从空间上直接效应、间接效应影响结果看，本地知识基础对燃料电池技术溢出能力的直接效应显著；而间接效应中，仅“相关科学知识基础”（*LnScience*）的间接效应在整体（2000—2016年）是显著的。从比重上看，整体上“相关科学知识基础”（*LnScience*）的直接效应是间接效应的1.18倍，间接效应的影响也较大，如表5-18所示。

表 5－18 本地知识基础对燃料电池技术溢出能力的直接效应和间接效应变化

变量	被解释变量：*LnSpill*							
	整体		第一阶段		第二阶段		第三阶段	
	直接效应	间接效应	直接效应	间接效应	直接效应	间接效应	直接效应	间接效应
LnScience	0.414 *** (0.022)	0.352 *** (0.118)	0.658 *** (0.139)	0.204 (0.189)	0.044 *** (0.012)	0.009 (0.019)	0.035 *** (0.012)	0.077 (0.209)
LnRelevant	0.017 * (0.010)	0.014 (0.010)	0.051 *** (0.014)	0.015 (0.014)	0.014 *** (0.006)	0.003 (0.007)	0.007 *** (0.002)	0.016 (0.074)
LnIrrelevant	−0.006 (0.009)	−0.005 (0.009)	−0.019 (0.013)	−0.004 (0.006)	0.034 (0.022)	−0.008 (0.011)	0.005 (0.022)	0.020 (0.122)
LnWage	0.002 (0.008)	0.002 (0.007)	0.004 (0.012)	0.001 (0.004)	0.072 *** (0.014)	−0.016 (0.020)	0.002 (0.011)	0.008 (0.043)
LnPractitioner	0.024 (0.025)	0.018 (0.022)	0.069 (0.067)	0.028 (0.042)	0.131 (0.151)	0.029 (0.036)	−0.012 (0.042)	−0.031 (0.130)
LnEDU	0.113 *** (0.017)	0.095 *** (0.032)	−0.022 (0.018)	−0.008 (0.011)	0.016 (0.064)	−0.001 (0.020)	0.067 (0.053)	0.166 (0.283)
LnTi	0.143 *** (0.017)	0.121 *** (0.038)	0.009 (0.018)	0.005 (0.009)	0.128 *** (0.041)	0.031 (0.037)	0.011 (0.055)	0.029 (0.164)
LnFAI	0.028 *** (0.007)	0.025 ** (0.011)	0.013 (0.011)	0.005 (0.007)	0.034 ** (0.017)	0.006 (0.011)	0.005 (0.013)	0.013 (0.056)
Spatial	0.447 *** (0.075)	0.447 *** (0.075)	0.201 (0.126)	0.201 (0.126)	0.410 (0.349)	0.410 (0.349)	0.664 *** (0.108)	0.664 *** (0.108)
sigma2_e	0.162 *** (0.003)	0.162 *** (0.003)	0.109 *** (0.025)	0.109 *** (0.026)	0.098 *** (0.004)	0.098 *** (0.003)	0.121 *** (0.004)	0.121 *** (0.004)
样本数	4947	4947	1746	1746	1455	1455	1746	1746
R^2	0.544	0.544	0.473	0.473	0.487	0.487	0.425	0.425
城市数	291	291	291	291	291	291	291	291

注：*** 表示在1%的水平上显著，** 表示在5%水平上显著，* 表示在10%水平上显著。Spatial表示空间自回归系数。

（2）知识基础之间组合作用对技术知识溢出能力的影响

不同类型知识基础的组合作用对燃料电池技术知识溢出能力均有显著的正向影响。“相关科学知识基础和相关技术知识基础组合”（*LnScience* × *LnRelevant*）对“技术知识溢出能力”（*LnSpill*）的回归系数为0.081 ***，“相关科学知识基础和无关技术知识基础组合”（*LnScience* × *LnIrrelevant*）的回归系数为0.063 ***，“相关技术知识基础和无关技术知识基础组合”（*LnRelevant*

× *LnIrrelevant*）的回归系数为 0.007***，而“三种不同类型知识基础组合”（*LnScience* × *LnRelevant* × *LnIrrelevant*）的回归系数为 0.008***。这说明与知识基础对燃料电池技术知识生产和技术知识吸收能力一样，知识基础之间的组合作用能够对知识溢出能力提供助力，如表 5－19 所示。

表 5－19　不同知识基础间的组合对燃料电池技术知识溢出能力的影响

变量	被解释变量：*LnSpill*			
	整体（2000—2016 年）			
LnScience × *LnRelevant*	0.081*** (0.003)			
LnScience × *LnIrrelevant*		0.063*** (0.002)		
LnRelevant × *LnIrrelevant*			0.007*** (0.001)	
LnScience × *LnRelevant* × *LnIrrelevant*				0.008*** (0.001)
LnWage	0.007 (0.008)	0.006 (0.008)	0.002 (0.009)	0.006 (0.008)
LnPractitioner	0.052** (0.025)	0.048* (0.025)	0.036 (0.027)	0.063** (0.025)
LnEDU	0.078*** (0.016)	0.085*** (0.016)	0.117*** (0.017)	0.075*** (0.016)
LnTi	0.103*** (0.017)	0.111*** (0.017)	0.151*** (0.018)	0.099*** (0.017)
LnFAI	0.019*** (0.006)	0.021*** (0.006)	0.034*** (0.007)	0.016** (0.006)
Spatial	0.434*** (0.070)	0.434*** (0.070)	0.471*** (0.072)	0.460*** (0.069)
sigma2_e	0.155*** (0.003)	0.156*** (0.003)	0.172*** (0.003)	0.156*** (0.003)
样本数	4947	4947	4947	4947
R^2	0.575	0.574	0.549	0.531
城市数	291	291	291	291

注：*** 表示在 1% 的水平上显著，** 表示在 5% 水平上显著，* 表示在 10% 水平上显著。Spatial 表示空间自回归系数。

从稳健性回归结果检验上来看，仅“职工人数”（*LnPractitioner*）对“技术知识溢出能力”（*LnSpill*）的回归系数由显著变为不显著，其他变量的显著程度均保持不变，稳健性回归结果总体上仍旧支持了不同知识基础之间的组合对技术知识溢出能力具有显著的积极影响，如表 5－20 所示。

表 5－20　　不同知识基础间的组合对燃料电池技术知识溢出能力的稳健性回归检验

变量	被解释变量：*LnSpill*			
	整体（2000—2016 年）			
LnScience × *LnRelevant*	0.081 *** （0.012）			
LnScience × *LnIrrelevant*		0.063 *** （0.009）		
LnRelevant × *LnIrrelevant*			0.007 *** （0.001）	
LnScience × *LnRelevant* × *LnIrrelevant*				0.008 *** （0.001）
LnWage	0.007 （0.012）	0.006 （0.012）	0.002 （0.011）	0.006 （0.011）
LnPractitioner	0.052 （0.051）	0.048 （0.051）	0.036 （0.054）	0.063 （0.050）
LnEDU	0.078 *** （0.023）	0.085 *** （0.023）	0.117 *** （0.027）	0.075 *** （0.023）
LnTi	0.103 *** （0.026）	0.111 *** （0.027）	0.151 *** （0.033）	0.099 *** （0.026）
LnFAI	0.020 ** （0.009）	0.021 ** （0.009）	0.035 *** （0.011）	0.016 * （0.009）
Spatial	0.434 *** （0.068）	0.434 *** （0.068）	0.471 *** （0.074）	0.460 *** （0.068）
sigma2_e	0.155 *** （0.024）	0.156 *** （0.024）	0.172 *** （0.027）	0.156 *** （0.024）
样本数	4947	4947	4947	4947
R^2	0.575	0.574	0.549	0.531
城市数	291	291	291	291

注：*** 表示在 1% 的水平上显著，** 表示在 5% 水平上显著，* 表示在 10% 水平上显著。Spatial 表示空间自回归系数。

为进一步研究知识基础发挥作用的倾向性并与对技术吸收能力的分析保持一致，此处仅检验相关科学知识基础与相关技术知识基础组合作用对技术知识溢出能力的渠道效应是否存在。

与上文中表5－16知识基础单独作用时的回归结果进行对比，表5－21中在“相关科学知识基础与相关技术知识基础的组合作用”（*LnScience* × *LnRelevant*）显著为正的同时，“相关科学知识基础”（*LnScience*）的显著程度从单独作用时的在1%水平上显著降为在10%水平上显著，“相关技术知识基础”（*LnRelevant*）的显著程度从单独作用的在1%水平上显著降为不显著，说明相关科学知识基础与相关技术知识基础均倾向于通过组合作用的形式发挥作用，渠道效应存在，如表5－21所示。

表5－21　不同知识基础组合对燃料电池技术知识溢出能力的渠道效应检验

变量	被解释变量：*LnSpill*			
	整体（2000—2016年）			
	空间自回归		稳健性回归检验	
LnScience	0.219** (0.116)		0.219* (0.122)	
LnRelevant		0.003 (0.005)		0.003 (0.006)
LnScience × *LnRelevant*	0.111*** (0.007)	0.081*** (0.003)	0.111*** (0.022)	0.081*** (0.012)
LnWage	0.008 (0.008)	0.007 (0.008)	0.008 (0.011)	0.007 (0.011)
LnPractitioner	0.061** (0.025)	0.052** (0.025)	0.061 (0.049)	0.052 (0.050)
LnEDU	0.070*** (0.016)	0.079*** (0.016)	0.070*** (0.023)	0.079*** (0.022)
LnTi	0.094*** (0.017)	0.104*** (0.017)	0.094*** (0.026)	0.104*** (0.026)
LnFAI	0.017*** (0.006)	0.018*** (0.006)	0.017* (0.009)	0.018* (0.010)
Spatial	0.443*** (0.070)	0.444*** (0.072)	0.443*** (0.067)	0.444*** (0.067)

续表

变量	被解释变量：*LnSpill*			
	整体（2000—2016 年）			
	空间自回归		稳健性回归检验	
sigma2_e	0.154*** (0.003)	0.155*** (0.003)	0.154*** (0.023)	0.155*** (0.023)
样本数	4947	4947	4947	4947
R^2	0.558	0.574	0.558	0.574
城市数	291	291	291	291

注：*** 表示在 1%的水平上显著，** 表示在 5%水平上显著，* 表示在 10%水平上显著。Spatial 表示空间自回归系数。

第四节 本章小结

本章主要从演化视角分阶段用空间自回归模型测度了本地知识基础对燃料电池技术创新两大环节的具体影响，同时关注了空间因素的影响和知识基础间组合作用对燃料电池技术创新的影响。主要结论如下：

第一，燃料电池的相关技术知识基础与相关科学知识基础对燃料电池技术创新的两大环节均有显著的正向促进作用，而无关技术知识基础的作用则相对复杂。首先，无关技术知识基础对燃料电池技术知识生产具有微弱的促进作用，体现在随着技术的发展，无关技术知识基础在第三阶段（2011—2016 年）中对技术知识生产具有显著的积极影响；其次，随着技术发展，无关技术知识基础对城市技术知识吸收能力的作用会发生改变，在第一阶段（2000—2005 年）中，无关技术知识基础对城市技术知识吸收能力具有显著的负向影响，而在第三阶段（2011—2016 年）中，无关技术知识基础对燃料电池技术知识吸收能力具有显著的正向影响；在研究期内（2000—2016 年），无关技术知识基础对燃料电池技术知识扩散能力的影响则不显著。该结果一方面肯定了相关的科学知识和技术知识对燃料电池技术创新的重要积极意义；另一方面说明了无关技术知识可能在早期对技术创新的影响不显著，甚至存在一定的负面影响，但随着燃料电池技术的发展，早期相对无关的知识基础会逐渐与燃料电池技术发展关联，并逐渐产生积极影响。

第二，空间效应上，地理邻近对燃料电池技术创新的作用并不显著。在对燃料电池两大环节的空间自回归中，整体上空间自回归系数均显著为正，说明整体上燃料电池的技术知识生产、技术知识吸收能力和技术知识溢出能力均呈现“高低”集聚格局，燃料电池技术创新能力强的城市并未对周边地区产生明显的带动作用，因此地理邻近的作用并不明显。从其他城市产生的间接效应影响上来看，其他城市对燃料电池技术知识生产的间接效应影响最显著，间接效应的回归系数大小约占直接效应的 52%；而燃料电池技术吸收能力和技术溢出能力受到的间接效应并不十分显著。上述结果说明本地知识基础对燃料电池技术知识生产环节的影响虽然以城市本身的直接效应影响为主，但在一定程度上受到其他城市的间接效应影响；而本地知识基础对技术知识扩散环节的影响则受到间接效应的影响较小，主要受城市本身直接效应的影响。

第三，不同知识基础的组合作用对燃料电池技术创新具有显著的正向影响，且知识基础具有通过组合作用来发挥对燃料电池技术创新影响的倾向。相关科学知识基础、相关技术知识基础以及无关技术知识基础之间的任意组合均对燃料电池技术知识生产、技术知识吸收能力和技术知识溢出能力具有显著的影响，而在研究时间段内（2000—2016 年）无关技术知识基础单独的作用均不显著，这说明无关技术知识基础可通过相关的技术知识或者科学知识的引导来发挥一定的积极作用，肯定了不同知识基础之间的组合作用对燃料电池技术创新具有重要意义。根据各项回归结果，在燃料电池相关科学知识基础和相关技术知识基础组合作用显著为正的情况下，相关科学知识基础和相关技术知识基础的显著程度相比较于单独作用时均有一定程度的下降，这说明相关科学知识基础和相关技术知识基础会倾向于通过组合作用的形式来发挥部分对燃料电池技术创新的作用，组合作用的渠道效应存在。

第六章

本地知识基础对燃料电池技术创新的作用机理

本地知识基础对燃料电池技术创新表现出了显著且复杂的影响，而燃料电池技术领域的演化被认为可能是造成该复杂影响的原因。新技术发展迅速且技术特征变化快，激进式创新形式往往交织着技术领域的扩张过程，因而从演化视角分析本地知识基础对燃料电池技术创新的作用机理是有必要的。本章通过对数据再分析、机理解析以及案例运用等方式来综合解释知识基础的影响机理，并试图寻找第五章中知识基础间组合作用显著且渠道效应存在的深层次原因，深层次探讨地理邻近的作用。

第一节 相关科学知识基础的作用机理

一、科学知识的引导作用

从本质上看，科学知识是在认识和理解自然现象的本质和规律等过程中所形成的知识，更多地强调对于知识本身的创造或发现，而技术知识则是将知识进行应用的桥梁，通过技术知识的生产，为后续知识的实际应用做好铺垫。科学知识和技术知识既有不同的特点又是相互交织的。科学知识能够为技术知识的提升提供助力，特别是新技术或者关键技术上的突破往往依赖于科学知识上的突破，而技术知识的进步又反过来会影响人们对自然规律的进一步认知，对科学知识形成反哺（董坤等，2018）。

在新技术领域中，科学知识的前瞻性更加突出。从燃料电池的学术论文和发明专利的变化上可看出，燃料电池领域学术论文在1990年前后就开始显现增长趋势，直至2006年均处于快速增长阶段，而燃料电池的发明专利从2000年之后才出现明显的增长趋势。可见科学知识关注燃料电池领域的时间要比技术知识关注该领域早10年左右，因此科学知识的前瞻性明显。进一步测度291个地级市1985—2016年的燃料电池领域的学术论文与燃料电池技术发明专利之间的相关性，测度结果显示燃料电池学术论文与发明专利的相关系数为0.779，并且在1%水平上显著，说明了燃料电池学术论文与发明专利之间存在强相关性，推动了燃料电池领域科学知识的发展，促进了技术知识的生产，见图6－1。

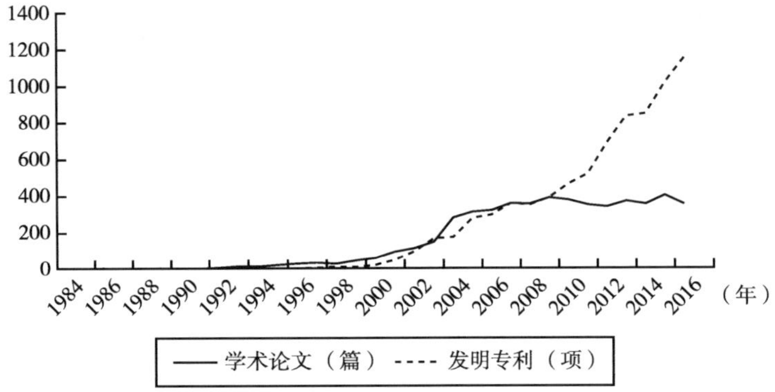

图6－1　1985—2016年燃料电池发明专利与学术论文变化情况

数据来源：国家知识产权局（SIPO）专利信息服务平台、上海市知识产权公共服务平台、中国知网。

燃料电池科技人员的流动也支持了科学知识具有促进作用，以在全国居于燃料电池领域领先水平的大连新源动力股份有限公司为例，新源动力官网以及中国科学院大连化学物理研究所官网等公开资料显示，新源动力股份有限公司是2001年中科院大连物化所等单位发起成立的专注于燃料电池领域产业化的公司，依托物化所的九五重点攻关项目“质子交换膜燃料电池技术”等项目实现了早期的快速发展，且新源动力早期从事燃料电池技术研发的核心团队带有强烈的“学院派”背景。可见科学知识积累雄厚的创新主体能够在前期有效帮助企业发展，而带有科学知识背景的科研人员流动成为新技术领域中科学知识引导技术知识生产的重要桥梁。

二、高校、科研院所的知识流动枢纽作用

高校和科研院所是科学知识、技术知识交互和转化的重要场所，特别是在燃料电池领域早期发展阶段，高校和科研院所在科学知识和技术知识的贡献上均占据明显优势。2000—2016 年高校及科研院所在燃料电池领域的学术论文贡献占比高达 94.4%，而在发明专利上的贡献比重也高达 60.9%，这说明在新技术尚未大规模商品化之前，高校和科研院所在科学知识和技术知识的前期积累和贡献上占据极大的比重。而高校和科研院所作为典型的科学知识富集地，在新技术出现早期、无大量企业将科学知识转化为技术知识的环境下，高校及科研院所可有效的借助科学知识上的优势将之转化为技术知识，如表 6－1 所示。

表 6－1　2000—2016 年燃料电池领域不同类型创新主体的学术论文与发明专利占比

创新主体类型	学术论文		发明专利	
	数量	占比	数量	占比
高校及科研院所	5422	94.4%	5416	60.9%
企业	216	3.8%	2838	31.9%
其他	106	1.8%	638	7.2%

数据来源：国家知识产权局（SIPO）专利信息服务平台、上海市知识产权公共服务平台、中国知网。

在新技术发展早期，由于高校及科研院所在科学知识乃至技术知识上的领先，高校及科研院所在推动技术知识流动上起到了显著的枢纽作用。以大连、上海和北京 3 个国内燃料电池技术创新能力最强的城市为例，可见在表征技术知识流动的引证网络中，科研院所和高校均表现出核心的枢纽作用和推动作用（见图 6－2）。

在大连内部技术知识流动中，中国科学院大连化学物理研究所起到了核心的枢纽作用。2005 年之前大连燃料电池的创新主体间的内部联系是极少的，新源动力股份有限公司是中科院大连物化所发起成立的参股公司，因此新源动力股份有限公司与中科院大连物化所有着紧密的联系，借助中科院大连物化所的支持实现了快速的发展。至 2010 年，以中国科学院大连化学物理研究所为

中心的专利引证网络得到了发展，而这期间大连海事大学、大连理工大学和大连交通大学等高校加入到了知识流动网络之中，对促进燃料电池的知识流动起到了重要作用。至 2016 年，大连内部技术知识流动更加频繁，中国科学院大连化学物理研究所的中心作用依旧明显，而大连理工大学和大连海事大学等高校快速成为知识流动的重要节点。

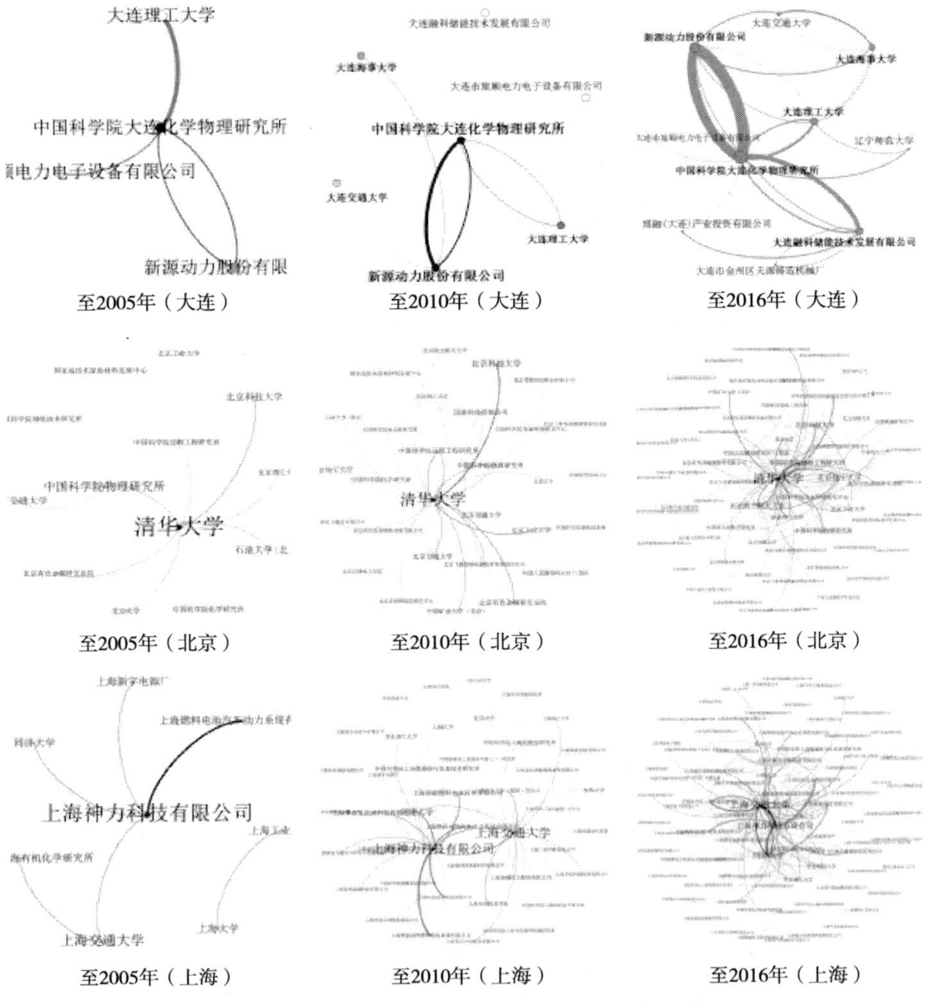

图 6-2　大连、北京、上海的内部引证网络演化

数据来源：国家知识产权局（SIPO）专利信息服务平台、上海市知识产权公共服务平台。

在北京的燃料电池技术知识流动网络中，清华大学在3个时期有极为明显的枢纽作用。在2005年之前，清华大学与中国科学院物理研究所、北京科技大学、北京有色金属研究总院等高校和科研院所形成了联系网络的雏形。至2010年，中国矿业大学（北京）、北京石油化工学院、北京航空航天大学、北京化工大学和中国科学院电工研究所等创新主体进入到联系网络中，联系网络中高校、科研院所的范围和密度继续加大。至2016年，整体网络在2010年的基础上继续拓展并复杂化，清华大学的网络核心地位依旧明显，北京航空航天大学、北京化工大学等次级节点初显。

上海燃料电池内部的技术知识流动结构最为均衡。至2005年，上海神力科技有限公司是上海燃料电池技术创新引证网络的唯一中心，而上海工业大学、上海交通大学、上海大学和同济大学等高校在此阶段进入引证网络中，上海神力科技有限公司是较早成为上海内部知识流动中心的创新主体。至2010年，复旦大学、华东理工大学等高校以及中国科学院上海硅酸盐研究所、中国科学院上海光学精密机械研究所等科研院所也进入到知识流动网络当中。这期间上海交通大学的知识流动枢纽作用开始突显，上海燃料电池技术知识流动网络中以上海神力科技有限公司和上海交通大学为中心的双中心结构逐渐显现。至2016年，上海燃料电池技术知识流动网络发展迅速，共计98个创新主体组成了结构更加复杂、联系更加紧密的网络。同时，以上海神力科技有限公司和上海交通大学为中心的双中心结构进一步演化成为以上海神力科技有限公司、上海交通大学和同济大学为核心的三中心结构，整体知识流动网络中大学的枢纽作用得到了进一步强化。

高校和科研院所是科学知识的重要产生地，而科学知识对于理解和认识新技术具有重要的帮助，新技术发展的早期外部企业中的技术知识储备并不雄厚，使高校、科研院所成为科学知识和技术知识相互促进的良性循环系统，高校、科研院所成为科学知识促进技术创新的重要载体。在燃料电池技术发展的早期，科学知识上占据明显优势地位的高校和科研院所对技术知识的流动起到了核心的枢纽作用，说明在新技术发展初期科学知识是帮助认识新技术发展前景以及获取新进展的有效途径。

第二节

技术知识基础的作用机理

一、相关技术知识基础的作用机理

(1) 技术相关性对技术知识流动的促进作用

与学科领域相似，不同类别技术之间同样存在着技术知识流动上的壁垒。发明专利的产生多建立在借助、参考同类型专利的基础之上，跨类型借鉴的发明专利也大量存在，如燃料电池系统设计等专利可能更需要从不同技术类别的专利中吸取有用知识，但此类型专利在整个燃料电池技术专利体系中占比较少。本书对燃料电池领域10个主要技术类别的发明专利引证内部情况进行了统计，可以发现10个技术类别中同专利类别的内部引证比重均稳居第1，如表6－2所示。由表可知，技术上的相关性能够使得技术在认知上取得优势，有利于知识流动的形成。

表6－2　燃料电池10个主要技术类别的内部引证比重

引证类别	H01M	B01J	C01B	H02J	B60L	C02F	G01R	C08J	C08G	G01N
H01M	86.32%	28.00%	9.92%	13.38%	20.46%	36.68%	26.48%	40.97%	15.49%	23.50%
B01J	5.20%	59.61%	9.62%	0.00%	0.26%	0.00%	0.00%	1.32%	3.54%	0.46%
C01B	2.88%	11.06%	77.89%	0.85%	1.02%	0.19%	0.00%	0.00%	0.00%	0.00%
H02J	0.71%	0.00%	0.30%	81.32%	6.39%	0.97%	4.57%	0.00%	0.00%	0.46%
B60L	0.38%	0.00%	0.75%	3.40%	71.87%	0.00%	0.68%	0.00%	0.00%	0.00%
C02F	1.30%	0.19%	0.75%	0.42%	0.00%	61.39%	0.00%	0.00%	0.00%	0.92%
G01R	0.62%	0.00%	0.15%	0.42%	0.00%	0.00%	66.89%	0.00%	0.00%	5.99%
C08J	1.32%	0.44%	0.15%	0.00%	0.00%	0.00%	0.00%	44.93%	7.96%	0.00%
C08G	0.76%	0.44%	0.30%	0.00%	0.00%	0.00%	0.00%	11.45%	73.01%	0.00%
G01N	0.51%	0.25%	0.15%	0.21%	0.00%	0.77%	1.37%	1.32%	0.00%	68.66%

数据来源：国家知识产权局（SIPO）专利信息服务平台、上海市知识产权公共服务平台。

(2) 燃料电池技术领域与技术知识来源的扩张

随着燃料电池技术的发展，燃料电池技术的技术领域也会随之逐渐扩张深化。以燃料电池主要的 10 个技术类别为例，主要技术类别 H01M 是在 1986 年就出现的，技术类别 G01N 在 1990 年出现在燃料电池的发明专利中，1999 年技术类别 G01R 出现，2000 年技术类别 B01N 出现，而在 2002 年又有 5 个技术类别出现，2005 年第 10 个主要类别 C02F 出现，如表 6 – 3 所示。上述表现说明随着技术的发展，新技术的激进式创新形式会导致与原先相对无关的技术类别产生联系，燃料电池的技术领域呈现逐渐扩张趋势。

表 6 – 3　　中国燃料电池技术主要技术领域的首次出现时间

年份	新出现的技术类别
1986	H01M
1990	G01N
1999	G01R
2000	B01J
2002	C01B、H02J、B60L、C08J、C08G
2005	C02F

数据来源：国家知识产权局（SIPO）专利信息服务平台、上海市知识产权公共服务平台。

2000—2016 年燃料电池引证关系的技术类别组成更加均衡化。H01M 是燃料电池技术的主要组成类别，也是引证专利的主要类别。2000 年，燃料电池技术 83.33% 的引证专利的技术类别为 H01M；此后，来自于 H01M 类别的引证专利占比总体呈现逐年下降趋势；至 2016 年，该比重降至 60.10%（见图 6 – 3）。这说明了不仅燃料电池技术的组成类别更加广泛，而且燃料电池技术的技术知识来

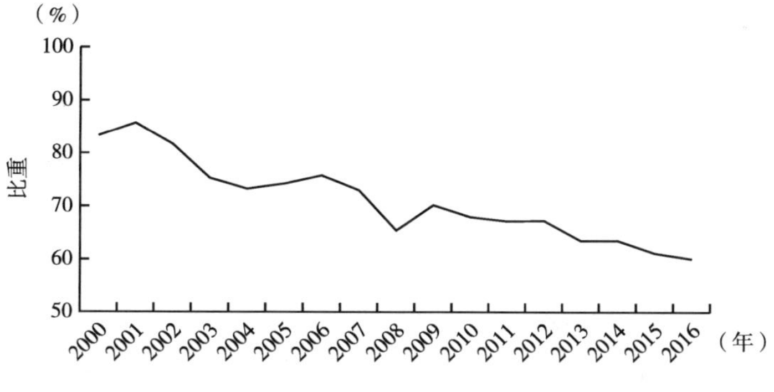

图 6 – 3　2000—2016 年引证自主技术类别 H01M 的比重变化

数据来源：国家知识产权局（SIPO）专利信息服务平台、上海市知识产权公共服务平台。

源也更加均衡，能够更多地从相关技术类别中吸收技术知识，相关技术知识对燃料电池技术创新的促进作用也更加明显。

二、无关技术知识基础的作用机理

（1）早期无关技术知识基础的挤出效应

根据路径依赖理论，地区、产业和技术的发展具有沿着原路径强化的趋势（贺灿飞，2018；郭琪、贺灿飞，2018）。本书运用2000—2016年291个地级市15个技术类别中发明专利的数据，计算了城市每年15个技术类别中“专利数量最多的技术类别比重”以及“专利数量最少的技术类别比重”，测度其相关性（剔除无专利数量的城市），结果发现两者的相关系数为 -188***，相关系数显著为负，虽然系数的绝对值较小，但也从侧面说明了城市中某一技术类别发展过强，会对其他弱势技术类别的发展具有一定的挤出效应。无关技术知识的积累过多，表明与燃料电池领域无关的技术、行业在城市中发展良好，城市出台政策也往往倾向于支持本城市的支柱产业。燃料电池技术作为新兴技术，早期受到无关技术知识基础的挤出效应影响也更加明显，因此在第1阶段（2000—2005年）无关技术知识基础对城市燃料电池技术知识吸收能力产生了一定的负面影响。而随着燃料电池技术受到更多国家政策的支持以及新技术发展的领域扩张，无关技术知识基础的挤出效应也越来越微弱。

（2）无关技术知识基础的技术知识储备作用

新兴技术的发展和技术领域的扩张是极为迅速的，应当用演化的视角去看待无关技术知识基础对燃料电池技术创新的影响。无关技术知识基础整体（2000—2016年）对燃料电池技术创新的两大环节影响均不显著，但在第3阶段（2011—2016年）中，无关技术知识基础对燃料电池技术知识生产以及技术知识吸收能力均具有一定的积极作用。随着新技术的不断发展以及技术领域不断扩张，从其他技术类别中获取的知识比重越来越大。一方面原先无关的知识可能会变成有关联的知识；另一方面这些新的关联技术领域对燃料电池技术创新的影响扩大，因此无关技术知识基础总体上对新技术的发展起到了技术知识储备作用。技术的发展使无关技术知识基础对燃料电池技术的促进作用逐渐显现。

从2000—2016年燃料电池发明专利的引证情况上看，自2000年起燃料电池技术的引证IPC专利类别在不断的新增，并且引证数量也在不断增加。2000年，除15个主要的相关IPC技术类别外，燃料电池引证关系中新增的IPC类别数量达到了7个，并以年均15.4个新增引用技术类别的速度增加，至2016年已共新增了262个IPC小类类别。虽然燃料电池发明专利从这些新增类别中引用的数量不多，但这表明了燃料电池技术的相关领域随时间的变化在不断拓展，无关技术知识基础存在由“无关”向部分“相关”转变的趋势。而从燃料电池发明专利引证自15个相关技术类别以外的专利数量上来看，引证次数也呈逐年增加趋势，引证次数从2000年的18次增加至2016年的1725次，充分说明了燃料电池技术与无关知识基础之间的联系越来越紧密（见图6－4）。

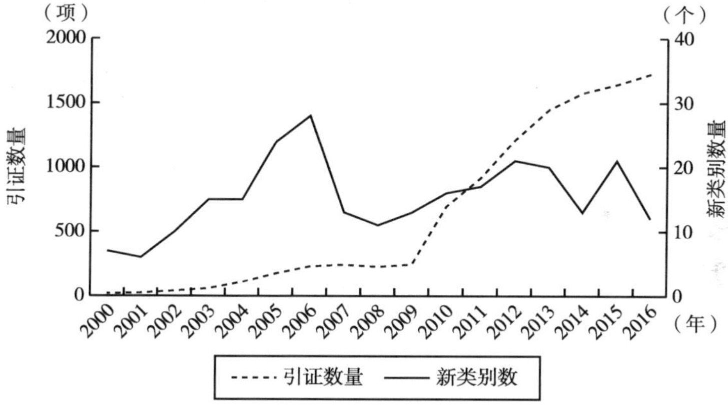

图6－4　2000—2016年燃料电池引证关系在无关技术知识基础上的拓展

数据来源：国家知识产权局（SIPO）专利信息服务平台、上海市知识产权公共服务平台。

第三节

知识基础间的相互增益作用

由第五章分析可知，不同知识基础的组合作用均对技术创新具有积极影响，且相关科学知识基础以及相关技术知识基础在组合作用存在的情况下，均倾向于通过组合作用发挥部分对技术创新的影响（即组合作用的渠道效应存在）。本节从知识基础间是否能够影响彼此对技术创新边际效益的角度来解释知识基础间为何会出现组合作用的渠道效应。由于无关技术知识基础整体对技术创新的影响不显著，此处不讨论无关技术知识基础的作用，仅关注相关技术知识基础与相关科学知识基础之间对彼此边际效益的相互增益作用是否存在。

如在第五章中对相关技术知识基础和相关科学知识基础进行交互项的面板回归之后，运用 Stata 中的 Margins 命令来分析交互项中不同知识基础浓度下对彼此边际效益的具体影响。研究结果显示：在对燃料电池技术知识生产的影响中，相关科学知识基础的浓度从 25% 提升至 75%，相关技术知识基础的回归系数从 0.1352*** 提升至 0.5412***，边际效益提升了约 4.00 倍；而在相关技术知识基础的浓度从 25% 提升至 75%，相关科学知识基础的回归系数从 0.2826*** 提升至 0.8479***，边际效益提升了约 3.00 倍；在对燃料电池技术知识吸收能力的影响中，相关科学知识基础的浓度从 25% 提升至 75%，相关技术知识基础的回归系数从 0.1982*** 提升至 0.5945***，边际效益提升了约 3.00 倍，而相关技术知识基础的浓度从 25% 提升至 75%，相关科学知识基础的回归系数从 0.4139*** 提升至 1.1242***，边际效益提升了约 2.71 倍；在对燃料电池技术知识溢出能力的影响中，相关科学知识基础的浓度从 25% 提升至 75%，相关技术知识基础的回归系数从 0.1208*** 提升至 0.3624***，边际效益提升了约 3.00 倍，而相关技术知识基础的浓度从 25% 提升至 75%，相关科学知识基础的回归系数从 0.2523*** 提升至 0.7571***，边际效益提升了约 3.00 倍，如表 6－4 所示。

表 6－4　相关科学知识与相关技术知识基础的边际效益相互影响结果

被解释变量：*LnPatent*			
相关科学知识基础的百分位点	相关技术知识基础的边际效益	相关技术知识基础的百分位点	相关科学知识基础的边际效益
25%	0.1352*** (0.0025)	25%	0.2826*** (0.0053)
50%	0.2706*** (0.0051)	50%	0.5653*** (0.0106)
75%	0.5412*** (0.0101)	75%	0.8479*** (0.0159)

续表

被解释变量：*LnAbsorb*			
相关科学知识基础的百分位点	相关技术知识基础的边际效益	相关技术知识基础的百分位点	相关科学知识基础的边际效益
25%	0. 1982 *** (0. 0044)	25%	0. 4139 *** (0. 0092)
50%	0. 3963 *** (0. 0088)	50%	0. 8279 *** (0. 0184)
75%	0. 5945 *** (0. 0132)	75%	1. 1242 *** (0. 0275)
被解释变量：*LnSpill*			
相关科学知识基础的百分位点	相关技术知识基础的边际效益	相关技术知识基础的百分位点	相关科学知识基础的边际效益
25%	0. 1208 *** (0. 0029)	25%	0. 2523 *** (0. 0061)
50%	0. 2416 *** (0. 0058)	50%	0. 5047 *** (0. 0121)
75%	0. 3624 *** (0. 0087)	75%	0. 7571 *** (0. 0182)

注：①由于三类知识库中 0 值较多，先对知识库中的 0 值进行去除，而后进行百分位点计算。
② *** 表示在 1% 的水平上显著， ** 表示在 5% 水平上显著， * 表示在 10% 水平上显著。
③margins 命令不能分析空间自回归的交互结果，因此用面板 OLS 回归代替。

由此可知相关科学知识基础与相关技术知识基础的浓度增加均对彼此的边际效益具有显著的提升作用，并且相关科学知识基础浓度提升对相关技术知识基础的边际效益提升作用更大。正是不同知识基础间对彼此边际效益具有提升作用，使不同知识基础间倾向于通过组合作用发挥部分对燃料电池技术创新的影响。

第四节 地理邻近作用不显著及原因分析

技术之间的联系，特别是显性的技术知识流动受距离的影响是较小的。在新技术刚开始发展的时候，获取新技术知识的途径相对受限。而在信息化时代，企业和高校等创新主体可以通过网上搜索等方式远距离关注发明专利的新进展，这在一定程度上削弱了地理邻近的作用。第五章节空间自回归模型中显示空间自回归系数均显著为正，说明燃料电池技术的发展格局整体上呈现“高低”集聚形态，现阶段燃料电池技术创新发展好的城市并未能显著带动周边地区的发展。

通过简单的数据分析来重点测度地理邻近的具体影响。在“引证—被引”网络中提取出历年城市间的联系数据，以此作为被解释变量，以距离作为核心变量，并控制知识基础差别的影响，以两城市间3类知识基础差值的绝对值作为控制变量进行两城市间的距离对技术知识关联的分析（剔除无引证关系的城市数据）。具体指标如表6－5所示：

表6－5　地理邻近对知识流动影响的指标选取

指标	类型	单位	缩写
城市间相互引证次数	被解释变量	条	*CR*
城市间空间距离	解释变量	千米	*Distance*
城市间相关科学知识基础差值的绝对值	控制变量	条	$DV_{science}$
城市间相关技术知识基础差值的绝对值	控制变量	条	$DV_{relevant}$
城市间无关技术知识基础差值的绝对值	控制变量	条	$DV_{irrelevant}$

对指标数据取对数处理后，首先进行多重共线性检验，所有VIF值均在4以下可见模型不存在明显的多重共线性，据此进行下一步回归，如表6－6所示。

“城市间空间距离”（*LnDistance*）对城市间燃料电池技术引证关系的形成不具有显著影响，“城市间无关技术知识基础差值的绝对值”（$LnDV_{irrelevant}$）也不具备显著影响。而城市间的相关科学知识基础差值和相关技术知识差值的回归系数显著为正，说明城市间燃料电池引证关系倾向于在相关科学知识基础和技术知识基础相差大的城市间形成。而且从3个阶段分别对城市间的回归进行检验后发现地理邻近的作用在三个阶段中也均不显著。上述结果表明，空间距离的影响对技术知识间引证联系形成并不明显。虽然距离的回归系数不显著，但系数一直为负数，且Z统计量也一直处于上升趋势，说明地理邻近对引证关系形成的作用在不断增强，如表6-7所示。

表6-6　　地理邻近对知识流动影响的VIF检验

变量	VIF	1	2	3	4	5
1. *LnCR*		1				
2. *LnDistance*	1.01	-0.02 *	1			
3. $LnDV_{science}$	1.27	0.16 ***	-0.05 ***	1		
4. $LnDV_{relevant}$	3.98	0.15 ***	-0.09 ***	0.46 ***	1	
5. $LnDV_{irrelevant}$	3.71	0.13 **	-0.08 ***	0.40 ***	0.85 ***	1

注：*** 表示在1%的水平上显著，** 表示在5%水平上显著，* 表示在10%水平上显著。

表6-7　　2000—2016年地理邻近对知识流动影响的OLS回归结果

变量	被解释变量：*LnCR*				
	整体	整体稳健性回归	第一阶段	第二阶段	第三阶段
LnDistance	-0.007 (0.010)	-0.007 (0.009)	-0.010 (0.032)	-0.002 (0.020)	-0.009 (0.008)
$LnDV_{science}$	0.052 *** (0.008)	0.052 *** (0.007)	0.014 (0.028)	0.003 (0.016)	0.116 *** (0.010)
$LnDV_{relevant}$	0.032 *** (0.011)	0.032 *** (0.011)	-0.001 (0.032)	0.026 *** (0.011)	0.037 *** (0.013)
$LnDV_{irrelevant}$	0.006 (0.010)	0.006 (0.099)	0.028 (0.026)	0.011 (0.019)	-0.014 (0.012)
常数项	0.811 *** (0.086)	0.811 *** (0.0843)	0.618 ** (0.259)	0.668 *** (0.167)	1.173 *** (0.107)
样本数	4780	4780	313	1146	3321

注：*** 表示在1%的水平上显著，** 表示在5%水平上显著，* 表示在10%水平上显著。

结合第四章中“引证—被引”网络的空间格局和第五章中的空间自回归结果可知，认为新技术之间的技术知识流动主要在各个燃料电池技术发展好的地区间形成，并不明显倾向于向邻近地区传播。这类似于“点轴发展理论”中的地区发展规律，在新技术发展的早期，首先在不同地区出现燃料电池技术发展的“增长极”，各技术“增长极”间率先形成联系。随着技术的发展，地理邻近的作用可能会逐渐增强。在技术发展早期地理邻近作用不显著的主要原因如下：信息时代下，远距离获取技术知识的手段增多，网络大大增进了远距离获取知识的可行性并降低了获取知识的成本，因此技术发展早期创新主体能够实现远距离的技术知识交流；受技术发展阶段限制，早期从事新技术领域研发的企业相对较少，规模效应不显著，因此从更大的空间范围搜索有用知识成为创新主体的最优选择；技术间的知识流动是比企业合作和产业关联等更加纯粹的关联形式，发明专利间的“引证—被引”关系主要关注技术的相关性和有用性，因而受到地理邻近的空间影响较小。

第五节 本章小结

本章重点回答了知识基础对燃料电池技术创新的影响机理。从演化视角出发，首先分析了相关科学知识基础对技术知识生产的引导作用和对知识流动的推动作用。其次，从演化视角分析了燃料电池技术发展的技术领域扩张和技术知识来源扩张的过程，阐明了技术相关性的重要作用和无关技术知识基础在不同阶段对技术创新表现出不同作用的机理。进一步分析了知识基础间的相互增益作用是知识基础间倾向于合作的深层原因所在。最后论证了地理邻近在燃料电池技术发展早期的作用不显著。综上所述，得出如下结论：

（1）燃料电池技术在发展过程中交织着技术领域的扩张以及对技术知识来源的扩展，因而从演化视角讨论知识基础对新技术发展的作用极为必要。科学知识的前瞻性对技术知识生产具有重要的引导作用，对技术知识流动具有重要的推动作用。而技术相关性一直是影响技术流动的重要因素，且随着燃料电池技术领域的扩展，燃料电池的技术知识来源也随之扩展。一方面，相关技术知识基础内部的引证比重更加均衡化，2000 年燃料电池技术 83.33% 的引证专利的技术类别为 H01M，而至 2016 年该比重降至 60.10%，说明燃料电池技术的技术类别更加多元化；另一方面，燃料电池在技术发展过程中与无关知识基础的关联持续深化，2000—2016 年间燃料电池的发明专利共计引证了除 15 个主要相关技术类别之外的 262 个 IPC 小类类别（现行的 IPC 分类标准中共有 631 个小类类别），平均每年新增引证类别 15.4 个，引证次数也从 2000 年的 18 次上升至 2016 年的 1725 次。因此从演化视角来看，无关技术知识基础中的一部分会逐渐与燃料电池的新技术领域产生关联并逐渐带有相关技术知识基础的属性，从而实现无关知识基础对技术创新从消极影响到积极影响的转变。

（2）知识基础间的相互增益作用是知识基础组合作用呈现积极影响的重要保障，也是知识基础倾向于通过组合作用来发挥对技术创新影响的深层机理。经测算，相关科学知识基础的浓度从 25% 提升至 75%，相关技术知识基础对燃料电池技术知识生产、技术知识吸收能力和技术知识溢出能力的回归系数分别从 0.1352^{***}、0.1982^{***} 和 0.1208^{***} 提升为 0.5412^{***}、0.5945^{***} 和 0.3624^{***}；同样相关技术知识基础浓度从 25% 提升至 75%，相关科学知识基础对燃料电池技术知识生产、技术知识吸收能力、技术知识溢出能力的回归系数分别从 0.2826^{***}、0.4139^{***}、0.2523^{***} 提升为 0.8479^{***}、1.1242^{***} 和 0.7571^{***}。相关科学知识基础与相关技术知识基础能够显著的提升彼此对技术创新的边际效益，并且提升幅度较大，说明两种知识基础的共同发展对于城市的燃料电池技术创新具有重要的意义。

本书研究结果还支持了科学知识能够增强城市吸收、运用技术知识的能力，并对最终促进技术创新具有重要作用的观点：一方面，相关科学知识基础的浓度增加对相关技术知识基础的边际效益提升更加明显；另一方面，通过对大连、北京和上海三个国内燃料电池技术发展最好的城市进行分析，发现高校、科研院所在内部“引证—被引”网络中占据核心地位，对网络的发展起到了核心推动作用。上述现象均说明了不同知识间的协同对技术创新具有重要意义。

（3）早期新技术间的知识流动中，地理邻近的作用并不显著。发明专利间的“引证—被引”关系可以较少考虑企业的关系、利益等问题，更加纯粹的关注技术间的关联，因此受到地理邻近的影响较小。早期技术发展呈现多个技术“增长极”并存的空间格局，远距离从各“增长极”处获取知识的现象要更为显著，早期扩展知识搜索的范围成为创新主体的最优选择，并且信息技术的发展使得远距离的知识流动变得更为便捷。但随着新技术的不断发展，地理邻近的作用有逐渐增强的趋势（见图 6－5）。

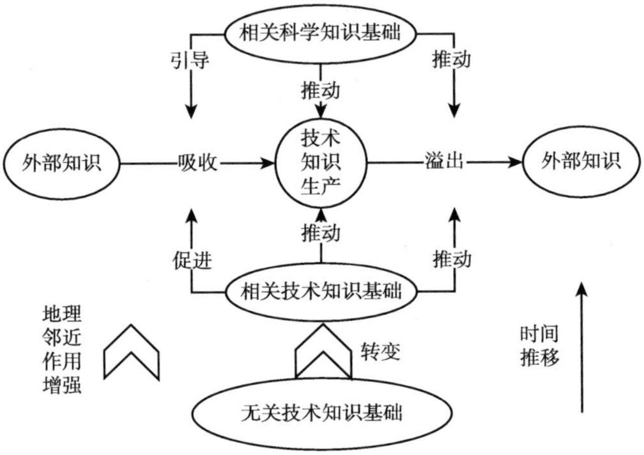

图6－5 知识基础对技术创新的动态作用机理图

资料来源：作者自绘。

第七章

研究结论与政策建议

知识经济时代下的全球新技术高速发展，新技术的快速发展对中国经济发展转型而言既是机遇，又是挑战，因此对新技术发展的影响因素以及地方能够发挥的作用进行研究探讨成为各界关注的重点之一。围绕本地知识基础与技术创新关系的探讨，经济地理学从空间视角进行了大量关于企业和产业层面的研究，但对技术本身的探讨相对不足。对新技术来说，在新技术未发展到满足大规模商品化的要求之前，对技术本身联系的探讨更具有直接意义。受演化经济地理学和生命周期理论观点的启发，新技术的发展过程是一个技术从“新”到“旧”的转变过程，因此从动态演化视角探讨知识基础与技术创新的关系是必要的。“相关多样性”假说则为基于技术相关性的知识基础分类提供了理论依据。受“协同创新理论”“区域创新系统”等理论的启发，认识到不同知识间的交互协同是促进技术创新的有效途径，进而本书对不同类型知识基础间的组合作用进行验证和解释。

本书立足于学科的空间视角以及演化视角，遵循经济地理学的“格局—影响—机理”研究范式，以尚未实现大规模商品化的燃料电池技术为研究对象，以技术间联系为关注点，着重探讨本地知识基础对技术创新两大环节的影响和机理，总结了城市对于新技术创新发展的优劣势，以期深化经济地理学对新技术创新及技术关联中本地知识基础作用的认知，为城市发展新技术和新产业提供有价值的参考。

第一节 研究结论

一、技术相关性是影响知识基础与技术创新关系的关键要素

相关科学知识基础与相关技术知识基础均稳定呈现出对燃料电池技术创新的积极影响。此外在燃料电池技术的发明专利中，10 个主要技术类别中同类别专利之间的引证比重均最大。上述现象支持了“区域产业分叉”理论中强调技术相关性是影响知识溢出的重要因素。

无关技术知识基础对燃料电池技术创新的作用会随着时间的推移发生改变。在第一阶段（2000—2005 年），无关技术知识基础仅对燃料电池技术吸收能力产生显著的影响，且影响显著为负；在第二阶段（2006—2010 年），无关技术知识基础对燃料电池技术创新的影响均不显著；而在第三阶段（2011—2016 年），无关技术知识基础对燃料电池技术知识生产以及技术知识吸收能力均产生了显著促进作用。究其原因，主要是因为早期无关技术知识的积累会降低城市对新技术知识的吸收能力，对新技术产生一定的挤出作用。而在燃料电池技术的发展过程中，技术领域实现了扩展，使部分无关技术知识基础逐渐与燃料电池技术产生关联。2000—2016 年间，燃料电池发明专利共计引证了除 15 个主要技术类别之外的 262 个 IPC 技术类别，平均每年新增引证类别 15.4 个，引证次数也从 2000 年的 18 次上升至 2016 年的 1725 次。在演化过程中无关技术知识基础的负面影响逐渐降低，并逐渐成为燃料电池技术发展的技术储备，最终对燃料电池技术创新产生积极影响。相关技术知识基础与无关技术知识基础并非绝对对立，演化视角下两类知识基础能够实现一定程度的转化，对新技术创新的影响仍主要通过技术相关性作为桥梁实现，因此技术相关性在知识基础与技术创新的关系中起到了关键作用。

借鉴 Desrochers、Leppala（2011）关于创新本质的表述：“创新的本质是与以前不相关的事物之间建立联系”。本书认为在新技术的发展过程中，特别是新技术发展多由激进式创新推动，技术之间的相关性正在被激进式创新逐渐改变，尽管速度缓慢，但“相关”跟“无关”的绝对界限会被打破。因此应

动态地看待“相关多样性”与“无关多样性”的关系，“相关多样性”与“无关多样性”最终都能够为技术创新带来积极影响。将“相关多样性”与“无关多样性”对立看待可能会引起误导，应从演化视角正确看待其作用。

二、城市优劣势并存是造成新技术产生区位相对自由的重要原因

本书研究结果显示构成一个新产业的技术体系的发展与地方知识基础具有诸多显著关联，但新技术的产生与发展也展现出一定的自由度，如当前大连的燃料电池技术发展能够与北京和上海相媲美得益于大连抓住了燃料电池技术早期发展的机遇。从燃料电池技术创新的总体格局上来看，也显示出燃料电池技术的发展整体集聚于省会城市、又部分散落于一般城市的空间特征。

知识基础对燃料电池的技术创新具有显著且复杂的影响。早期城市的不同知识基础以及各要素对新技术创新的影响不同，导致城市在发展新技术上同时具有优劣势，从而使新技术的产生区位具有既“锚定”在省会等发达城市，又相对“自由”的特征。具体如下：

在知识基础的优劣势上，相关科学知识基础和相关技术知识基础对新技术创新具有稳定、显著的正向影响，而在新技术发展早期，无关技术知识基础则对新技术创新具有一定的负向影响。一般而言发达城市在相关科学知识基础上占据一定优势，在技术知识基础上，发达城市技术门类比落后城市更加齐全，因而在相关技术知识基础与无关技术知识基础上均具有优势。但在新技术发展早期，无关技术知识的过多积累会使城市对新技术知识的吸收能力下降，产生一定的挤出效应。因此反映在空间表现上，发达城市的相关科学知识基础以及相关技术知识基础对新技术创新产生了“引力”，而发达城市的无关知识基础优势则在早期对新技术创新产生了“斥力”。

在知识经济的新时代下，“区域产业分叉”“区位机会窗口”理论中的观点既有其正确性，又有局限性，应当辩证地看待。一方面，信息技术的发展使远距离的知识交流变得更为便捷，在新技术发展的早期创新主体更倾向于通过扩大知识搜索范围来提升创新能力，地理邻近的作用弱化；另一方面，随着知识经济时代下技术结构的日益复杂，技术创新需要依赖的知识储备是越来越多的（周开国等，2017），因此当前新技术的发展与知识基础的关联呈现越来越紧密的趋势。本书研究结果显示知识基础对新技术创新具有显著的影响，而在

新技术发展早期，城市的相关知识基础（积极影响）与无关技术知识基础（消极影响）对新技术创新的作用不同是造成新技术的产生在空间上具有一定自由度的重要原因。

在控制变量表现出的优劣势上，劳动力、资金、对创新和教育的投入比重均对新技术的发展具有促进作用，而用工成本则产生了抑制作用。发达城市一般在劳动力、资金以及对创新和教育的投入比重上均占据优势，从而对新技术创新产生了“引力”；而发达城市的用工成本往往也更高，在新技术发展早期，企业的盈利能力并不强，因此发达城市在用工成本方面对新技术创新产生了“斥力”。

综上所述，对新技术的产生而言，发达城市在相关科学知识基础、相关技术知识基础、劳动力和资金等方面占据诸多优势，但发达城市在无关技术知识基础和用工成本上处于劣势，由此也导致了新技术产生的区位具有一定的“自由度”。而发达城市占据多方面的均衡优势，因此会出现发达城市的燃料电池技术整体上发展得更好的现象。

三、燃料电池技术对地方知识基础的依赖程度呈现逐渐加深趋势

随着燃料电池技术的不断发展，三类知识基础对技术创新的积极影响也越来越显著，这表明随着时间的推移燃料电池技术对地方的依赖程度会逐渐增加。在第一阶段（2000—2005 年），各控制变量对燃料电池技术创新的显著性均不高，而在第三阶段（2011—2016 年），显著的控制变量数量明显增多，这表明地方对燃料电池创新的综合影响在逐渐加深。

本书研究发现，随着燃料电池技术的发展，燃料电池的技术门类呈现逐渐扩张趋势，这符合从事燃料电池技术研发的公司等逐渐按产业链布局研发力量的趋势，而燃料电池技术的知识来源逐渐多样化主要体现在燃料电池技术的引证专利中，各技术类别占比随时间推移更加均衡化，如 2000 年燃料电池发明专利引证自燃料电池专利的主类别 H01M 的比重为 83. 33%，而至 2016 年该比例已降至 60. 10%。与此同时，燃料电池技术在与无关知识基础的关联上也呈现逐渐加深趋势，2000—2016 年间燃料电池发明专利共计引证了除 15 个主要技术类别之外的 262 个 IPC 技术类别，平均每年新增引证类别 15. 4 个，引证次数也从 2000 年的 18 次上升至 2016 年的 1725 次。由此可见随着燃料电池技

术的发展，燃料电池与地方知识基础的关联性越来越强，需要用到的地方知识基础也越多。因此燃料电池技术对地方的知识基础依赖程度是逐渐加深的，其产生区位的自由度也会随之下降。

四、知识基础间的组合作用对燃料电池技术创新具有重要意义

“协同创新理论”强调产学研之间的协同作用能够有效促进创新的发展，而产学研之间协同的重要内涵是不同类型知识之间存在协同作用，本书对不同类型知识基础间的组合作用进行了研究探讨。

燃料电池的相关科学知识基础、相关技术知识基础以及无关技术知识基础间的组合作用均对燃料电池的技术创新具有显著的积极影响，而无关技术知识基础本身对技术创新的促进作用显著程度较低，这表明通过科学知识和相关技术知识的引导，能够发挥出无关技术知识基础对燃料电池技术创新的潜在促进作用。通过组合作用，燃料电池技术创新对无关技术知识基础的利用能力能够得到提升。无关技术知识基础是城市大型的技术知识储备，随着燃料电池技术的持续发展以及相关知识的引导，无关技术知识基础的作用会逐渐被挖掘。

本书进一步探讨了在不同类型知识基础组合作用存在的情况下，单一类型知识基础对燃料电池技术创新的作用变化。由于无关技术知识基础的作用不显著，本书重点关注了相关技术知识基础与相关科学知识基础的表现。结果显示相关技术知识基础与相关科学知识基础组合作用对燃料电池技术知识生产、技术知识吸收能力和技术知识溢出能力的影响均显著为正，在组合作用的影响下，相关技术知识基础与相关科学知识基础的显著程度均较其单独作用时有所下降。因此，可认为相关技术知识基础与相关科学知识基础均倾向于通过组合作用的形式发挥对燃料电池技术创新的影响，即相关技术知识基础与相关科学知识基础组合作用对燃料电池技术创新影响的渠道效应存在。

而相关技术知识基础与相关科学知识基础能够提升彼此对燃料电池技术创新的边际效益是两类知识基础倾向于协同合作的深层次原因。经测算，相关科学知识基础的浓度从25%提升至75%。相关技术知识基础对燃料电池技术知识生产、技术知识吸收能力和技术知识溢出能力的回归系数分别提升为原来的4.00、3.00和3.00倍，反之，相关技术知识基础浓度从25%提升至75%，相关科学知识基础对燃料电池技术知识生产、技术知识吸收能力和技术知识溢出

能力的回归系数分别提升为原来的3.00、2.71和3.00倍。因此相关技术知识基础与相关科学知识基础的相互增益作用明显，且从边际效益的提升幅度上来看，相关科学知识基础对相关技术知识基础的增益作用更加显著。

上述结果显示科学知识和技术知识这两类不同知识的组合作用对技术创新具有重要意义，可知“协同创新理论”在知识层面上同样具有适用性，这为理解产学研协同对产业技术创新的支撑作用提供了依据。

第二节 政策建议

本书以燃料电池技术为例，对知识基础与新兴技术创新之间的关系进行了深入分析，结合本书的结论以及当前各城市积极发展新兴技术的背景，提出以下建议。

一、重点支持发展与现有技术基础相近的新兴技术

新兴技术是新兴产业的核心所在，具有广阔发展前景，国家在多方面支持新兴技术的培育和发展，其对国家具有重要战略意义。在国家的大力号召之下，各城市出台了诸多关于新兴技术和产业的奖励、培育计划，在促进了新兴技术快速发展的同时也存在着诸多问题，特别是许多城市的培育计划广而全，城市间出现较多重合现象，既不符合客观规律，又不符合城市和国家的利益。根据本书的研究结论，城市应根据自身的技术基础选择相近的新兴技术进行重点培育，形成城市在技术发展路径上的相对连贯性，打造城市产业技术特色。特别是对于自身经济基础相对薄弱的中小城市而言，盲目选择看似光鲜的新兴技术会对城市自身的发展产生重大负面影响。本书揭示了新兴技术的发展具有一定的空间倾向性，新兴技术的发展机遇并非各地区平等的，因而没有基础的城市应当注重提升自身的创新环境和知识积累，认识到新技术发展的规律性。

二、注重研究型高校或专业研究机构的培育和发展

研究型高校或专业研究机构所具有的前瞻属性对地方占据新技术发展的先

发优势具有重要影响。大连、北京和上海三个国内燃料电池技术发展最好的城市案例均显示了高校和科研院所对于技术发展的重要性，特别是大连作为一般地级市却培育出了全国领先的燃料电池技术发展水平，在此过程中中国科学院大连化学物理研究所起到了核心推动作用。本书的数据分析和案例研究均表明科学知识对新技术发展具有重要推动作用，理工类高校和科研院所等公共研究机构往往在技术知识上也能够占据先发优势，科学知识和技术知识上的双重领先将为城市在新技术发展前期带来较大优势。因此城市需要注重研究型高校或专业研究机构的培育和发展。

三、注重知识类型发展的多样性与鼓励协同创新

地方知识类型的多样性有助于新兴产业的健康发展。本书研究结果支持了相关科学知识基础与相关技术知识基础的组合作用对技术创新具有积极作用，两者之间具有对技术创新的相互增益作用，从而可以看出知识类型的多样性对技术创新和发展具有重要意义。从大连、北京和上海的发展案例中可以看出，前期的技术发展可以依靠某一类型创新主体起到主要推动作用，但随着技术的不断发展，不同类型创新主体之间形成联系是必然趋势，同时联系网络的多中心结构也对内部网络的完整性具有重要意义，而不同类型创新主体间交流的实质是不同类型知识的交互和融合。地方应当注重不同类型知识的多样化发展，通过支持协同创新联盟建设和对协同创新进行政策奖励等形式鼓励不同类型创新知识之间的交流互动，共同推进新技术创新。

参考文献

[1] Abramovsky L, Simpson H. Geographic Proximity and Firm – university Innovation Linkages: Evidence from Great Britain [J]. Journal of Economic Geography, 2011, 11 (6): 949 –977.

[2] Anselin L, Varga A, Acs Z. Local Geographic Spillovers between University Research and High Technology Innovations [J]. Journal of Urban Economics, 1997, 42 (3): 422 –448.

[3] Antonelli C. The Microeconomics of Technological Systems [M]. Oxford: Oxford University Press, 2001.

[4] Arthur W B D. Competing Technologies, Increasing Returns, and Lock – in by Historical Events [J]. The Economic Journal, 1989, 99 (394): 116 – 131.

[5] Asad A. 三重螺旋战略框架：中国产业发展的学术研究创新 [D]. 合肥：中国科学技术大学，2018.

[6] Asheim B, Coenen L, Vang J. Face – to – face, Buzz, and Knowledge Bases: Socio Spatial Implications for Learning, Innovation, and Innovation Policy [J]. Environment and Planning C: Government and Policy, 2007, 25 (5): 655 – 670.

[7] Balland P A, Boschma R, Frenken K. Proximity and Innovation: From Statics to Dynamics [J]. Regional Studies, 2015, 49 (6): 907 –920.

[8] Barney J B. How a Firm's Capabilities Affect Boundary Decisions [J]. Sloan Management Review, 1999, 40 (3): 137 –146.

[9] Barney J B. Strategic factor markets: Expectations, Luck, and Business Strategy [J]. Management Science, 1986, 32 (10): 1231 –1241.

[10] Barney J B. Firm Resources and Sustained Competitive Advantage [J].

Journal of Management, 1991, 17 (1): 99 - 120.

[11] Baruffaldi S, Raffo J. The Geography of Duplicated Inventions: Evidence from Patent Citations [J]. Regional Studies, 2017, 51 (8): 1232 - 1245.

[12] Bathelt H, Malmberg A, Maskell P. Clusters and Knowledge: Local Buzz, Global Pipelines and The Process of Knowledge Creation [J]. Progress in Human Geography, 2004, 28 (1): 31 - 56.

[13] Belussi F, Sedita S R. Life Cycle Vs. Multiple Path Dependency in Industrial Districts [J]. European Planning Studies, 2009, 17 (4): 505 - 528.

[14] Belussi F, Sammarra A, Sedita S R. Learning at The Boundaries in An "Open Regional Innovation System": A Focus on Firms' Innovation Strategies in The Emilia Romagna Life Science Industry [J]. Research Policy, 2010, 39 (6): 710 - 721.

[15] Bishop P, Gripaios P. Spatial Externalities, Relatedness and Sector Employment Growth in Great Britain [J]. Regional Studies, 2010, 44 (4): 443 - 454.

[16] Boyack K W, Klavans R. Co - citation Analysis, Bibliographic Coupling, and Direct Citation: Which Citation Approach Represents the Research Front Most Accurately? [J]. Journal of the American Society for Information Science and Technology, 2010, 61 (12): 2389 - 2404.

[17] Boschma R A, Frenken K. Why is Economic Geography not An Evolutionary Science? Towards an Evolutionary Economic Geography [J]. Papers in Evolutionary Economic Geography, 2006, 6 (3): 273 - 302.

[18] Boschma R A, Van der Knaap G A. New High - Tech Industries and Windows of Locational Opportunity: The Role of Labour Markets and Knowledge Institutions During the Industrial Era [J]. Geografiska Annaler: Series B, Human Geography, 1999, 81 (2): 73 - 89.

[19] Boschma R A, Lambooy J G. Evolutionary Economics and Economic Geography [J]. Journal of Evolutionary Economics, 1999, 9 (4): 411 - 429.

[20] Boschma R A, Van Der Knaap G A. New Technology and Windows of Locational Opportunity. Indeterminacy, Creativity and Chance [M]. In: J. Reijnders (ed.). Economics and Evolution. Cheltenham: Edward Elgar, 1997.

[21] Boschma R A. Competitiveness of Regions from An Evolutionary Perspective [J]. Regional Studies, 2014, 38 (9): 1001 -1014.

[22] Boschma R A, Wenting R. The Spatial Evolution of the British Automobile Industry: Does Location Matter? [J]. Industrial and Corporate Change, 2007, 16 (2): 213 -238.

[23] Boschma R A, Frenken K. Evolutionary Economics and Industry Location [J]. Review of Regional Research, 2003, 23 (2): 183 -200.

[24] Boschma R, Minondo A, Navarro M. Related Variety and Regional Growth in Spain [J]. Papers in Regional Science, 2012, 91 (2): 241 -256.

[25] Boschma R, Balland P A, Kogler D F. Relatedness and Technological Change in Cities: The Rise and Fall of Technological Knowledge in US Metropolitan Areas From 1981 to 2010 [J]. Industrial and Corporate Change, 2015, 24 (1): 223 -250.

[26] Boschma R, Coenen L, Frenken K, et al. Towards A Theory of Regional Diversification: Combining Insights from Evolutionary Economic Geography and Transition Studies [J]. Regional Studies, 2017, 51 (1): 31 -45.

[27] Boschma R. Relatedness as Driver of Regional Diversification: A Research Agenda [J]. Regional Studies, 2017, 51 (3): 351 -364.

[28] Boschma R. Proximity and Innovation: a Critical Assessment [J]. Regional Studies, 2005, 39 (1): 61 -74.

[29] Braunerhjelm P, Ding D, Thulin P. The Knowledge Spillover Theory of Intrapreneurship [J]. Small Business Economics, 2018, 51 (1): 1 -30.

[30] Brenner T. Local Industrial Clusters, Existence, Emergence and Evolution [M]. London: Routledge, 2004.

[31] Breschi S, Lissoni F. Mobility of Skilled Workers and Co - invention Networks: An Anatomy of Localized Knowledge Flows [J]. Journal of Economic Geography, 2009, 9 (4): 439 -468.

[32] Brusco S. Small Firms and Industrial Districts: The Experience of Italy [M]. In D. Keeble & E. Wever (Eds.), New Firms and Regional Development in Europe. London: Croom Helm, 1986.

[33] Caragliu A, Nijkamp P. Space and Knowledge Spillovers in European

Regions: the Impact of Different forms of Proximity on Spatial Knowledge Diffusion [J]. Journal of Economic Geography, 2016, 16 (3): 749 - 774.

[34] Cardinal L B. Technological Innovation in The Pharmaceutical Industry: The Use of Organizational Control in Managing Research and Development [J]. Organization Science, 2001, 12 (1): 19 - 36.

[35] Castaldi C, Frenken K, Los B. Related Variety, Unrelated Variety and Technological Breakthroughs: An Analysis of US State - level Patenting [J]. Regional Studies, 2015, 49 (5): 767 - 781.

[36] Coe N M, Dicken P, Hess M. Global Production Networks: Realizing the Potential [J]. Journal of Economic Geography, 2008, 8 (3): 271 - 295.

[37] Cohen W M, Levinthal D A. Absorptive Capacity: A New Perspective on Learning and Innovation [J]. Administrative Science Quarterly, 1990, 35 (1): 128 - 152.

[38] Cooke P, Asheim B, Boschma R, et al. Handbook of Regional Innovation and Growth [M]. Cheltenham: Edward Elgar Publishing, 2011.

[39] Cooke P. Regional Innovation Systems: General Findings and Some New Evidence from Biotechnology Clusters [J]. Journal of Technology Transfer. 2002, 27 (1): 133 - 145.

[40] Cortinovis N, Xiao J, Boschma R, et al. Quality of Government and Social Capital As Drivers of Regional Diversification in Europe [J]. Journal of Economic Geography, 2017, 17 (6): 1179 - 1208.

[41] Crescenzi R, Rodriguez - Pose A, Storper M. The Territorial Dynamics of Innovation: a Europe - United States Comparative Analysis [J]. Journal of Economic Geography, 2007, 7 (6): 673 - 709.

[42] Day G S, Schoemaker P J. Wharton on Managing Emerging Technologies [M]. New Jersey: John Wiley & Sons, 2004.

[43] David P A. Clio and the Economics of QWERTY [J]. The American Economic Review, 1985, 75 (2): 332 - 337.

[44] Davids M, Frenken K. Proximity, Knowledge Base and the Innovation Process: Towards An Integrated Framework [J]. Regional Studies, 2018, 52 (1): 23 - 34.

[45] Davids M, Frenken K. Proximity, Knowledge Base and the Innovation Process: the Case of Unilever's Becel Diet Margarine [R]. Lund University, CIRCLE – Center for Innovation, Research and Competences in the Learning Economy, 2015.

[46] De Maggio M, Gloor P A, Passiante G. Collaborative Innovation Networks, Virtual Communities and Geographical Clustering [J]. International Journal of Innovation & Regional Development, 2009, 1 (4): 387 –404.

[47] Desrochers P, Leppala S. Opening up the "Jacobs Spillovers" Black Box: Local Diversity, Creativity and the Processes Underlying New Combinations [J]. Journal of Economic Geography, 2011, 11 (5): 843 –863.

[48] Doloreux D, Shearmur R, Guillaume R. Collaboration, Transferable and Non – transferable Knowledge, and Innovation: A Study of a Cool Climate Wine Industry (Canada) [J]. Growth and Change, 2015, 46 (1): 16 –37.

[49] Dosi G. Technological Paradigms and Technological Trajectories: A Suggested Interpretation of the Determinants and Directions of Technical Change [J]. Research Policy, 1982, 11 (3): 147 –162.

[50] Dosi G, Freeman C, Nelson R R, et al. Technical Change and Economic Theory [M]. London: Pinter Publishers, 1988.

[51] Dosi G. Technological Paradigms and Technological Trajectories: A Suggested Interpretation of the Determinants and Directions of Technical Change [J]. Research Policy, 1982, 11 (3): 147 –162.

[52] Dubois A, Kristensen I, TeräS J. Outsmarting Geography: Implementing Territorial Innovation Strategies in Sparsely Populated Regions [J]. European Planning Studies, 2017, 25 (8): 1316 –1333.

[53] Duysters G, Schoenmakers W. The Technological Origins of Radical Inventions [J]. Research Policy, 2010, 39 (8): 1051 –1059.

[54] Edquist C. Systems of Innovation: Technologies, Institutions and Organizations [M]. London: Printer Publishers, 1997.

[55] Ejermo O. Technological Diversity and Jacobs' Externality Hypothesis Revisited [J]. Growth and Change, 2005, 36 (2): 167 –195.

[56] Essletzbichler J. Relatedness, Industrial Branching and Technological

Cohesion in US Metropolitan Areas [J]. Regional Studies, 2015, 49 (5): 752 - 766.

[57] Etzkowitz H. The Triple Helix: University - Industry - Government Innovation in Action [M]. London: Routledge, 2008.

[58] Feldman M P, Braunerhjelm P. Cluster Genesis: Technology - based Industrial Development [M]. Oxford: Oxford University Press, 2007.

[59] Feldman M P, Kogler D F, Rigby D L. rKnowledge: The Spatial Diffusion and Adoption of rDNA Methods [J]. Regional Studies, 2015, 49 (5): 798 - 817.

[60] Freeman, Chris. The Economics of Technical Change [J]. Cambridge Journal of Economics, 1994, 18 (5): 463 - 514.

[61] Frenken K, Boschma R A. A Theoretical Framework for Evolutionary Economic Geography: Industrial Dynamics and Urban Growth As A Branching Process [J]. Journal of Economic Geography, 2007, 7 (5): 635 - 649.

[62] Frenken K, Van Oort F, Verburg T. Related Variety, Unrelated Variety and Regional Economic Growth [J]. Regional Studies, 2007, 41 (5): 685 - 697.

[63] Garcia R. A Critical Look at Technological Innovation Typology and Innovativeness Terminology: A Literature Review [J]. Journal of Product Innovation Management, 2002, 19 (2): 110 - 132.

[64] Garud R, Karnøe P. Path Dependence and Creation [M]. London: Lawrence Erlbaum Associates, 2001.

[65] Gertler M S. Tacit Knowledge and The Economic Geography of Context, or the Undefinable Tacitness of Being (there) [J]. Journal of Economic Geography, 2003, 3 (1): 75 - 99.

[66] Gloor P A. Swarm Creativity: Competitive Advantage Through Collaborative Innovation Networks [M]. Oxford: Oxford University Press, 2006.

[67] Gloor P A. Swarm Leadership and the Collective Mind: Using Collaborative Innovation Networks to Build a Better Business [M]. West Yorkshire: Emerald Publishing Limited, 2017.

[68] Grant R M. Toward a Knowledge - based Theory of the Firm [J]. Strategic Management Journal, 1996, 17 (S2): 109 - 122.

[69] Griliches Z. The Search for R&D Spillovers [J]. Scandinavian Journal of Economics, 1998, 94 (94): 29 -47.

[70] Grillitsch M, Nilsson M. Firm Performance in the Periphery: on the Relation Between Firm - internal Knowledge and Local Knowledge Spillovers [J]. Regional Studies, 2017, 51 (8): 1219 -1231.

[71] Grillitsch M, Nilsson M. Innovation in Peripheral Regions: Do Collaborations Compensate for A Lack of Local Knowledge Spillovers? [J]. The Annals of Regional Science, 2015, 54 (1): 299 -321.

[72] Hansen T. Substitution or Overlap? The Relations Between Geographical and Non - spatial Proximity Dimensions in Collaborative Innovation Projects [J]. Regional Studies, 2015, 49 (10): 1672 -1684.

[73] Hartog M, Boschma R, Sotarauta M. The Impact of Related Variety on Regional Employment Growth in Finland 1993 -2006: High - tech Versus Medium/Low - tech [J]. Industry and Innovation, 2012, 19 (6): 459 -476.

[74] Heimeriks G, Boschma R. The Path - and Place - dependent Nature of Scientific Knowledge Production in Biotech 1986 -2008 [J]. Journal of Economic Geography, 2013, 14 (2): 339 -364.

[75] Hidalgo C. Why Information Grows: The Evolution of Order, from Atoms to Economies [M]. New York: Basic Books, 2015.

[76] Huggins R, Johnston A. Knowledge Flow and Inter - firm Networks: The Influence of Network Resources, Spatial Proximity and Firm Size [J]. Entrepreneurship & Regional Development, 2010, 22 (5): 457 -484.

[77] Jensen M, Johnson B, Lorenz E, et al. Forms of Knowledge and Modes of Innovation [J]. Research Policy, 2007, 36 (5): 680 -693.

[78] Johansson B, Karlsson C, Stough R R. Entrepreneurship and Dynamics in the Knowledge Economy [M]. London: Routledge, 2006.

[79] Johnson B H. Institutional Learning [C]. London: Pinter Publishers, 1992: 23 -44.

[80] Klepper S, Simons K L. Dominance by Birthright: Entry of Prior Radio Producers and Competitive Ramifications in the US Television Receiver Industry [J]. Strategic Management Journal, 2000, 21 (10 -11): 997 -1016.

[81] Kolli A, Gaillard A, De Bernardinis A, et al. A Review on DC/DC Converter Architectures for Power Fuel Cell Applications [J]. Energy Conversion and Management, 2015, 105: 716 – 730.

[82] Krugman P. Increasing Returns and Economic Geography [J]. Journal of Political Economy, 1991, 99 (3): 483 – 499.

[83] Laestadius S. Technology level, Knowledge Formation and Industrial Competence in Paper Manufacturing [A]. Eliasson G, Green C. The Micro Foundations of Economic Growth [C]. Ann Arbour: The University of Michigan Press, 1998: 212 – 226.

[84] Lester R. Universities, Innovation, and the Competitiveness of Local Economies. A Summary Report from the Local Innovation Systems Project: Phase I [R]. Massachusetts Institute of Technology, Industrial Performance Center, Working Paper Series, 2005.

[85] Liao S H, Hu T C. Knowledge Transfer and Competitive Advantage on Environmental Uncertainty: An Empirical Study of the Taiwan Semiconductor Industry [J]. Technovation, 2007, 27 (6): 402 – 411.

[86] Mancusi M L. International Spillovers and Absorptive Capacity: A Cross – country Cross – sector Analysis Based on Patents and Citations [J]. Journal of International Economics, 2008, 76 (2): 155 – 165.

[87] Marek D, Jiří B. The Challenge of Breaking the Academia – business Firewall in Czechia: Comparing the Role of Differentiated Knowledge Bases in Collaborative R&D Projects [J]. European Planning Studies, 2016, 24 (4): 809 – 831.

[88] Martin R, Moodysson J. Comparing Knowledge Bases: on the Geography and Organization of Knowledge Sourcing in the Regional Innovation System of Scania, Sweden [J]. European Urban and Regional Studies, 2013, 20 (2): 170 – 187.

[89] Martin R, Moodysson J. Innovation in Symbolic Industries: The Geography and Organization of Knowledge Sourcing [J]. European Planning Studies, 2011, 19 (7): 1183 – 1203.

[90] Martin R. Differentiated Knowledge Bases and the Nature of Innovation Networks [J]. European Planning Studies, 2013, 21 (9): 1418 – 1436.

[91] Menzel M, Fornahl D. Cluster Life Cycles. Dimensions and Rationales of

Cluster Evolution [J]. Industrial and Corporate Change, 2010, 19 (1): 205 - 238.

[92] Molina - Morales F X. Industrial Districts and Innovation: The Case of the Spanish Ceramic Tiles Industry [J]. Entrepreneurship & Regional Development, 2002, 14 (4): 317 - 335.

[93] Montresor S, Quatraro F. Regional Branching and Key Enabling Technologies: Evidence from European Patent Data [J]. Economic Geography, 2017, 93 (4): 367 - 396.

[94] Moodysson J, Coenen L, Asheim B. Explaining Spatial Patterns of Innovation: Analytical and Synthetic Modes of Knowledge Creation in the Medicon Valley Life - Science Cluster [J]. Environment and Planning A, 2008, 40 (5): 1040 - 1056.

[95] Mudambi R, Swift T. Multinational Enterprises and the Geographical Clustering of Innovation [J]. Industry and Innovation, 2012, 19 (1): 1 - 21.

[96] Nonaka I, Reinmöller P. The legacy of learning. Toward Endogenous Knowledge Creation for Asian Economic Development [C]. Berlin: WZB Jahrbuch, 1998: 401 - 433.

[97] Nonaka I. A Dynamic Theory of Organizational Knowledge Creation [J]. Organization Science, 1994, 5 (1): 14 - 37.

[98] Nooteboom B. Learning and Innovation in Organizations and Economies [M]. Oxford: Oxford University Press, 2000.

[99] Nooteboom B. Learning by Interaction: Absorptive Capacity, Cognitive Distance and Governance [J]. Journal of Management & Governance, 2000, 4 (1 - 2): 69 - 92.

[100] O'brien R. Global Financial Integration: The End of Geography [M]. London: Royal Institute of International Affairs, 1992.

[101] OECD. The Knowledge - based Economy [R]. Paris: OECD, 1996.

[102] PCAST. University - private Sector Research Partnerships in the Innovation Ecosystem [R]. Washington: Report of the President's Council of Advisors on Science and Technology, 2008.

[103] Petruzzelli A M, Rotolo D, Albino V. Determinants of Patent Citations

in Biotechnology: An Analysis of Patent Influence Across the Industrial and Organizational Boundaries [J]. Technological Forecasting and Social Change, 2015, 91: 208 - 221.

[104] Plum O, Hassink R. Comparing Knowledge Networking in Different Knowledge Bases in Germany [J]. Papers in Regional Science, 2011, 90 (2): 355 - 371.

[105] Polanyi M. Personal Knowledge [M]. Chicago: University of Chicago Press, 1958.

[106] Polanyi M. The Tacit Dimension [M]. Chicago: University of Chicago press, 1966.

[107] Pollet B G, Staffell I, Shang J L. Current Status of Hybrid, Battery and Fuel Cell Electric Vehicles: From Electrochemistry to Market Prospects [J]. Electrochimica Acta, 2012, 84 (12): 235 - 249.

[108] Porter M E. Competitive Strategy: Techniques for Analyzing Industries and Competitors [J]. Social Science Electronic Publishing, 1980, (2): 86 - 87.

[109] Rigby D L, Essletzbichler J. Technological Variety, Technological Change and A Geography of Production Techniques [J]. Journal of Economic Geography, 2006, 6 (6): 45 - 70.

[110] Rigby D L. Technological Relatedness and Knowledge Space: Entry and Exit of US Cities from Patent Classes [J]. Regional Studies, 2015, 49 (11): 1922 - 1937.

[111] Rodríguez - Pose A, Crescenzi R. Research and Development, Spillovers, Innovation Systems, and the Genesis of Regional Growth in Europe [J]. Regional Studies, 2008, 42 (1): 51 - 67.

[112] Romer P M. Increasing Returns and Long - run Growth [J]. Journal of Political Economy, 1986, 94 (5): 1002 - 1037.

[113] Rosenkopf L, Nerkar A. Beyond Local Search: Boundary - Spanning, Exploration, and Impact in the Optical Disk Industry [J]. Strategic Management Journal, 2001, 22 (4): 287 - 306.

[114] Schumpeter J A. The Creative Response in Economic History [J]. The Journal of Economic History, 1947, 7 (2): 149 - 159.

[115] Saviotti P P, Frenken K. Trade Variety and Economic Development of Countries [J]. Journal of Evolutionary Economics, 2008, 18 (2): 201 -218.

[116] Scott A J, Storper M. High Technology Industry and Regional Development: A Theoretical Critique and Reconstruction [J]. International Social Science Journal, 1987, 39: 215 -232.

[117] Shaw A T, Gilly J P. On the Analytical Dimension of Proximity Dynamics [J]. Regional Studies, 2000, 34 (2): 169 -180.

[118] Shearmur R, Doloreux D. Place, Space and Distance: Towards a Geography of Knowledge - Intensive Business Services Innovation [J]. Industry and Innovation, 2009, 16 (1): 79 -102.

[119] Smilkov D, Kocarev L. Rich - club and Page - club Coefficients for Directed Graphs [J]. Physica A: Statistical Mechanics and its Applications, 2010, 389 (11): 2290 -2299.

[120] Sonn J W, Storper M. The Increasing Importance of Geographical Proximity in Knowledge Production: an Analysis of US Patent Citations, 1975 - 1997 [J]. Environment and Planning A, 2008, 40 (5): 1020 -1039.

[121] Spender J C. Making Knowledge the Basis of a Dynamic Theory of The Firm [J]. Strategic Management Journal, 1996, 17 (S2): 45 -62.

[122] Storper M, Walker R. The Capitalist Imperative: Territory, Technology, and Industrial Growth [M]. New York: Blackwell, 1989.

[123] Strambach S, Klement B. Cumulative and Combinatorial Micro - dynamics of Knowledge: The Role of Space and Place in Knowledge Integration [J]. European Planning Studies, 2012, 20 (11): 1843 -1866.

[124] Strambach S, Klement B. Exploring Plasticity in the Development Path of the Automotive Industry in Baden - Württemberg: the Role of Combinatorial Knowledge Dynamics [J]. Zeitschrift für Wirtschaftsgeographie, 2013, 57 (1 - 2): 67 -82.

[125] Storper M. The Resurgence of Regional Economies, Ten Years Later: the Region as A Nexus of Untraded Interdependencies [J]. European Urban and Regional Studies, 1995, 2 (3): 191 -221.

[126] Tanner A N. Regional Branching Reconsidered: Emergence of the Fuel

Cell Industry in European Regions [J]. Economic Geography, 2014, 90 (4): 403 - 427.

[127] Tanner A N. The emergence of New Technology - based Industries: The Case of Fuel Cells and Its Technological Relatedness to Regional Knowledge Bases [J]. Journal of Economic Geography, 2015, 16 (3): 611 - 635.

[128] Tanner A N. The Place of New Industries: the Case of Fuel Cell Technology and its Technological Relatedness to Regional Knowledge Bases [J]. Papers in Evolutionary Economic Geography, 2011, 11 (13): 1 - 35.

[129] Tödtling F, Grillitsch M. Types of Innovation, Competencies of Firms, and External Knowledge Sourcing—Findings from Selected Sectors and Regions of Europe [J]. Journal of the Knowledge Economy, 2014, 5 (2): 330 - 356.

[130] Tushman M L, Anderson P. Technological Discontinuities and Organizational Environments [J]. Administrative Science Quarterly, 1986, 31 (3): 439 - 465.

[131] Van Den Bosch F A J, Volberda H W, De Boer M. Coevolution of Firm Absorptive Capacity and Knowledge Environment: Organizational Forms and Combinative Capabilities [J]. Organization Science, 1999, 10 (5): 551 - 568.

[132] Van Egeraat C, O'Riain S, Kerr A. Social and Spatial Structures of Innovation in the Irish Animation Industry [J]. European Planning Studies, 2013, 21 (9): 1437 - 1455.

[133] Van Geenhuizen M, Reyes - Gonzalez L. Does a Clustered Location Matter for High - Technology Companies' Performance? The Case of Biotechnology in the Netherlands [J]. Technological Forecasting and Social Change, 2007, 74 (9): 1681 - 1696.

[134] Vergne J P, Durand R. The Missing Link Between the Empirics of Path Dependence: Conceptual Clarification, Testability Issue, and Methodological Implications [J]. Journal of Management Studies, 2010, 47 (4): 736 - 759.

[135] Walter S, Cantner U, Graf H. The Role of Geographical Proximity for Project Performance - Evidence from the German, Leading - Edge Cluster Competition [J]. The Journal of Technology Transfer, 2017, (2): 1 - 40.

[136] Wolfe D A, Gertler M S. Clusters from the Inside and Out: Local Dy-

namics and Global Linkages [J]. Urban Studies, 2004, 41 (5-6): 1071-1093.

[137] Xiao J, Boschma R, Andersson M. Industrial Diversification in Europe: the Differentiated Role of Relatedness [J]. Economic Geography, 2018, 94 (5): 514-549.

[138] Zahra S A, George G. Absorptive Capacity: A Review, Reconceptualization, and Extension [J]. Academy of Management Review, 2002, 27 (2): 185-203.

[139] Zefeng M, Gang Z, Xiaorui X, et al. The Extension of the Porter Hypothesis: Can the Role of Environmental Regulation on Economic Development be Affected by Other Dimensional Regulations? [J]. Journal of Cleaner Production, 2018, 203: 933-942.

[140] Zukauskaite E, Moodysson J. Multiple Paths of Development: Knowledge Bases and Institutional Characteristics of the Swedish food Sector [J]. European Planning Studies, 2016, 24 (3): 589-606.

[141] 艾志红. 吸收能力的理论演化与研究述评 [J]. 技术经济与管理研究, 2017 (1): 38-42.

[142] 安虎森, 季赛卫. 演化经济地理学理论研究进展 [J]. 学习与实践, 2014 (7): 5-18.

[143] 毕克新, 黄平, 李婉红. 产品创新与工艺创新知识流耦合影响因素研究——基于制造业企业的实证分析 [J]. 科研管理, 2012, 33 (8): 16-24.

[144] 曹贤忠, 曾刚. 基于全球—地方视角的上海高新技术产业创新网络效率探讨 [J]. 软科学, 2018, 32 (11): 105-108.

[145] 曹贤忠. 基于全球—地方视角的上海高新技术产业创新网络研究 [D]. 上海: 华东师范大学, 2017.

[146] 常西银, 孙遇春. 协同创新能力与知识扩散的交互影响分析及对策研究——基于企业网络关系嵌入的视角 [J]. 上海经济研究, 2018 (5): 34-41.

[147] 陈晨, 李霞, 莫桓. 聚焦各国燃料电池产业政策发展 [J]. 电器工业, 2015 (6): 71-73.

[148] 陈方丽, 慕继丰, 张炜. 信息技术与企业隐性知识的管理 [J]. 科

研管理. 2004, 25 (6): 28 – 34.

[149] 陈弘挺. 我国光伏产业创新网络的演化及其动因研究 [D]. 上海: 华东师范大学, 2017.

[150] 陈劲. 协同创新的理论基础与内涵 [J]. 科学学研究, 2012, 30 (2): 161 – 164.

[151] 陈肖飞, 张落成, 姚士谋. 基于新经济地理学的长三角城市群空间格局及发展因素 [J]. 地理科学进展, 2015, 34 (2): 229 – 236.

[152] 邓羽, 司月芳. 西方创新地理研究评述 [J]. 地理研究, 2016, 35 (11): 2041 – 2052.

[153] 邸晓燕, 张赤东. 基于产业创新链视角的智能产业技术创新力分析: 以大数据产业为例 [J]. 中国软科学, 2018 (5): 39 – 48.

[154] 董坤, 许海云, 罗瑞, 等. 科学与技术的关系分析研究综述 [J]. 情报学报, 2018, 37 (6): 86 – 96.

[155] 董睿, 张海涛. 产学研协同创新模式演进中知识转移机制设计 [J]. 软科学, 2018, 32 (11): 6 – 10.

[156] 杜德斌. 全球科技创新中心: 动力与模式 [M]. 上海: 上海人民出版社, 2015.

[157] 段德忠. 中国城市技术转移的空间演化研究 [D]. 上海: 华东师范大学, 2018.

[158] 段宏波, 蔡宗武. 创新、内生增长与气候变化: 2018 年度诺贝尔经济科学奖得主的贡献简评 [J]. 管理评论, 2018, 30 (10): 3 – 13.

[159] 方创琳, 马海涛, 王振波, 等. 中国创新型城市建设的综合评估与空间格局分异 [J]. 地理学报, 2014, 69 (4): 459 – 473.

[160] 冯小保, 黄明宇, 问朋朋, 等. 燃料电池车及车用燃料电池的发展现状及展望 [J]. 化工新型材料, 2013, 41 (1): 1 – 4.

[161] 高波, 牛盼强, 董意凤. 基于省域的经济知识基础与创新表现实证 [J]. 中国人口·资源与环境, 2010, 20 (12): 137 – 142.

[162] 郭琪, 贺灿飞. 演化经济地理视角下的技术关联研究进展 [J]. 地理科学进展, 2018, 37 (2): 229 – 238.

[163] 郭韧. 企业协同创新知识产权合作的动力学研究 [J]. 科研管理, 2018, 39 (11): 107 – 115.

[164] 韩增林，袁莹莹，彭飞．东北地区装备制造业官产学创新合作网络发展演变 [J]．经济地理，2018，38 (1)：103 - 111.

[165] 何爱，钟景雯．研发国际化与企业创新绩效——吸收能力和地理多样性的调节作用 [J]．南方经济，2018 (11)：92 - 112.

[166] 何郁冰．产学研协同创新的理论模式 [J]．科学学研究，2012，30 (2)：165 - 174.

[167] 贺灿飞．区域产业发展演化：路径依赖还是路径创造？[J]．地理研究，2018，37 (7)：5 - 19.

[168] 贺俊，吕铁，黄阳华，等．技术赶超的激励结构与能力积累：中国高铁经验及其政策启示 [J]．管理世界，2018，34 (10)：197 - 213.

[169] 侯明，衣宝廉．燃料电池技术发展现状 [J]．电源技术，2008，32 (10)：649 - 654.

[170] 侯明，衣宝廉．燃料电池技术发展现状与展望 [J]．电化学，2012，18 (1)：1 - 13.

[171] 胡畔，于渤．追赶企业的本地搜索，能力重构与创新绩效 [J]．科研管理，2017，38 (7)：72 - 80.

[172] 黄栋．气候变化、低碳经济与新能源发展 [J]．华中科技大学学报（社会科学版），2009，23 (6)：96 - 98.

[173] 黄光灿，王珏，马莉莉．全球价值链视角下中国制造业升级研究——基于全产业链构建 [J]．广东社会科学，2019 (1)：54 - 64.

[174] 黄劲松．技术差距与中国企业的 R&D 知识基础 [J]．中央财经大学学报，2010 (11)：42 - 46.

[175] 黄群慧，贺俊，杨超．人才争夺劣势状态下二线城市人才政策调整研究 [J]．产业经济评论，2019 (1)：5 - 16.

[176] 黄永春，王祖丽，肖亚鹏．新兴大国企业技术赶超的时机选择与追赶绩效——基于战略性新兴产业的理论与实证分析 [J]．科研管理，2017，38 (7)：81 - 90.

[177] 姜骞，唐震．知识搜索战略、动态学习与创新孵化绩效——定制化服务的调节效应 [J]．软科学，2018，32 (8)：34 - 37.

[178] 姜万军．知识生产者是科技竞争力的基础——加入 WTO 对我国科技竞争力影响初探 [J]．科学学与科学技术管理，2000，21 (6)：4 - 9.

［179］蒋军锋，王修来．网络环境下技术创新过程中企业知识基础的演变［J］．管理学报，2008，5（4）：561－567.

［180］蒋清梅．燃料电池的发展趋势及研究进展［J］．山东化工，2017，46（22）：56－57.

［181］巨乃岐，刘冠军．从科学与技术的关系看科学向技术转化的实质与要求［J］．河南大学学报（哲学社会科学版），2004，44（1）：24－28.

［182］康小义，白茂楠．新能源发电技术的现状及应用情景［J］．电子制作，2014（1）：98－98.

［183］孔月辉，刘泽阳．企业创新网络研究综述［J］．现代商贸工业，2017（27）：63－64.

［184］李丹丹，汪涛，魏也华，等．中国城市尺度科学知识网络与技术知识网络结构的时空复杂性［J］．地理研究，2015，34（3）：525－540.

［185］李佳佳．燃料电池的发展与应用［J］．新材料产业，2018（5）：8－12.

［186］李久平，姜大鹏，王涛．产学研协同创新中的知识整合——一个理论框架［J］．软科学，2013，27（5）：136－139.

［187］李琳，龚晨．多维邻近性对不同知识基础产业创新的影响——基于ANN和OLS回归双重检验［J］．科学学研究，2017，35（8）：1273－1280.

［188］李琳，蒋婷，徐洁．我国区域产业知识基础的测算及动态变化［J］．经济地理，2016，36（5）：107－114.

［189］李琳，熊雪梅．产业集群生命周期视角下的地理邻近对集群创新的动态影响——基于对我国汽车产业集群的实证［J］．地理研究，2012，31（11）：2017－2030.

［190］李美桂，赵兰香，张大蒙．基于产业知识基础的北京科技创新中心建设研究［J］．科学学研究，2016，34（12）：140－147.

［191］李勤昌，刘明霞，焦亚南．技术创新、出口本国增加值与全球竞争力——来自中国制造业的证据［J］．宏观经济研究，2019（1）：110－124.

［192］李玥，郭航，张雨婷．知识整合视角下高端装备制造企业技术创新能力提升路径研究［J］．科学管理研究，2018，37（4）：76－84.

［193］李正风．知识、创新与国家创新体系［J］．山东科技大学学报（社会科学版），2011，13（1）：18－24.

[194] 林兰，曾刚，吕国庆．基于创新“二分法”的中国装备制造业创新网络研究［J］．地理科学，2017，37（10）：1469－1477.

[195] 林学军．战略性新兴产业的发展与形成模式研究［J］．中国软科学，2012（2）：26－34.

[196] 刘承良，管明明，段德忠．中国城际技术转移网络的空间格局及影响因素［J］．地理学报，2018，73（8）：1462－1477.

[197] 刘承良，桂钦昌，段德忠，等．全球科研论文合作网络的结构异质性及其邻近性机理［J］．地理学报，2017，72（4）：737－752.

[198] 刘桂琴．基于作者自引的知识扩散分析［J］．情报杂志，2018，37（7）：146－149.

[199] 刘金涛．创新网络结构特征对创新产出的典型相关分析［J］．统计与决策，2019（2）：118－120.

[200] 刘萍，王刚，李璋．基于专利分析的国内燃料电池技术发展［J］．新材料产业，2018（5）：36－42.

[201] 刘雯，徐嘉祺．战略新兴产业绿色技术创新的影响因素分析［J］．生态经济，2018，34（11）：116－119.

[202] 刘秀莲，万军．战略性新兴产业发展的若干问题研究［J］．学习与实践，2011（10）：5－11.

[203] 刘岩，蔡虹，向希尧．企业技术知识基础多元度对创新绩效的影响——基于中国电子信息企业的实证分析［J］．科研管理，2015，36（5）：1－9.

[204] 鲁若愚．企业大学合作创新的机理研究［D］．北京：清华大学，2002.

[205] 陆国庆，王舟，张春宇．中国战略性新兴产业政府创新补贴的绩效研究［J］．经济研究，2014（7）：44－55.

[206] 罗来军，朱善利，邹宗宪．我国新能源战略的重大技术挑战及化解对策［J］．数量经济技术经济研究，2015（2）：113－128.

[207] 罗珉，王雎．组织间关系的拓展与演进：基于组织间知识互动的研究［J］．中国工业经济，2008（1）：40－49.

[208] 罗珉．组织间关系理论最新研究视角探析［J］．外国经济与管理，2007（1）：25－32.

［209］吕峰．效率还是效果：复杂环境下企业创新的权衡［J］．南开管理评论，2018，21（5）：188－199.

［210］吕国庆，曾刚，顾娜娜．基于地理邻近与社会邻近的创新网络动态演化分析——以我国装备制造业为例［J］．中国软科学，2014（5）：97－106.

［211］吕国庆，曾刚，郭金龙．长三角装备制造业产学研创新网络体系的演化分析［J］．地理科学，2014，34（9）：1051－1059.

［212］马德辉．创新“知识基础观”［J］．情报杂志，2007（10）：107－110.

［213］马海涛．基于人才流动的城市网络关系构建［J］．地理研究，2017，36（1）：161－170.

［214］马双，曾刚．我国装备制造业的创新，知识溢出和产学研合作——基于一个扩展的知识生产函数方法［J］．人文地理，2016，31（1）：116－123.

［215］马双．封闭型创新网络的结构和内在机理研究——以东营市石油装备制造业为例［D］．上海：华东师范大学，2017.

［216］马哲，何乃波，朱喆，等．基于产业链分析的海洋能装备产业培育策略研究［J］．科技管理研究，2018，38（15）：155－160.

［217］毛琦梁，王菲．地区比较优势演化的空间关联：知识扩散的作用与证据［J］．中国工业经济，2018，368（11）：138－156.

［218］蒙浩，吕泽伟，韩敏芳．日本家用燃料电池热电联供系统商业化应用分析［J］．中外能源，2018（10）：1－8.

［219］宓泽锋，曾刚．创新松散型产业的创新网络特征及其对创新绩效的影响研究——以长江经济带物流产业为例［J］．地理研究，2017，36（9）：1653－1666.

［220］詹·法格伯格，戴维·莫利，理查德·纳尔逊．牛津创新手册［M］．北京：知识产权出版社，2009.

［221］牛盼强，谢富纪．创新三重螺旋模型研究新进展［J］．研究与发展管理，2009，21（5）：94－100.

［222］牛盼强，谢富纪．我国三大经济区的工业经济知识基础比较研究［J］．科学学研究，2010，28（2）：221－226.

［223］牛盼强，谢富纪．综合型知识基础与解析型知识基础的比较研究［J］．科学学研究，2011，29（1）：25－30.

[224] 牛盼强. 产业知识基础与区域创新系统的关系：研究进展 [J]. 技术经济, 2015 (10): 42 -45.

[225] 牛盼强. 上海产业知识基础配置的格局研究 [J]. 科研管理, 2018, 39 (9): 86 -92.

[226] 潘清泉, 唐刘钊. 技术关联调节下的企业知识基础与技术创新绩效的关系研究 [J]. 管理学报, 2015, 12 (12): 1788 -1796.

[227] 乔婧, 高子涵. 燃料电池产业发展现状分析研究 [J]. 情报工程, 2015, 1 (1): 61 -67.

[228] 秦鹏飞, 申光龙, 胡望斌, 等. 知识吸收与集成能力双重调节下知识搜索对创新能力的影响效应研究 [J]. 管理学报, 2019, 16 (2): 219 -228.

[229] 秦岩, 杨爱民, 代志鹏. 第三意大利的兴起及其对中国西部大开发的启示 [J]. 云南社会科学, 2007 (6): 107 -110.

[230] 覃雄合, 杜德斌, 刘树峰, 等. 中国省际高校科研成果转化效率时空格局与影响因素——基于网络 SBM 模型的评价 [J]. 地理研究, 2017, 36 (9): 1641 -1652.

[231] 冉范生. 知识基础理论视角下的创新网络协调机制研究 [J]. 山东社会科学, 2010 (11): 123 -125.

[232] 尚勇, 赵世佳. 日本发展氢燃料电池汽车对我国的启示 [N]. 新能源汽车报, 2018 年 12 月 3 日 (第 12 版).

[233] 宋迎昌. 技术创新与扩散的动力机制研究 [J]. 经济地理, 1995, 15 (1): 10 -15.

[234] 孙爱丽, 顾晓敏, 吴慧. 研发投入对高新区集群企业创新绩效的影响 [J]. 经济地理, 2017, 37 (7): 99 -104.

[235] 唐青青, 谢恩, 梁杰. 知识深度、网络特征与知识创新：基于吸收能力的视角 [J]. 科学学与科学技术管理, 2018, 39 (1): 55 -64.

[236] 屠兴勇, 赵紫薇, 王泽英. 渐进式创新绩效的影响因素研究 [J]. 科研管理, 2018, 39 (8): 75 -82.

[237] 万钢. 促进新能源汽车产业健康发展 [N]. 人民日报, 2018 年 12 月 15 日 (第 6 版).

[238] 汪明峰, 郗厚雪. 城市新兴技术产业的演化路径比较分析——以长

三角物联网产业为例［J］. 地理研究，2015，34（9）：1697－1707.

［239］王宏起，杨仲基，武建龙，等. 战略性新兴产业核心能力形成机理研究［J］. 科研管理，2018，39（2）：143－151.

［240］王缉慈. 超越集群：中国产业集群的理论探索［M］. 北京：科学出版社，2010.

［241］王缉慈. 超越集群——关于中国产业集聚问题的看法［J］. 上海城市规划，2011（1）：52－54.

［242］王建平，吴晓云. 制造企业知识搜寻对渐进式和突破式创新的作用机制［J］. 经济管理，2017（12）：60－74.

［243］王建平，吴晓云. 制造企业知识搜寻对渐进式和突破式创新的作用机制［J］. 经济管理，2017，39（12）：60－74.

［244］王静宇，刘颖琦. 社会网络视角下的产业联盟技术创新——中国新能源汽车产业联盟的实证［J］. 中国科技论坛，2017（5）：186－192.

［245］王俊松. 集聚经济、相关性多样化与城市经济增长——基于279个地级及以上城市面板数据的实证分析［J］. 财经研究，2016，42（5）：135－144.

［246］王璐. 社会资本、知识利用与共有协同创新绩效［J］. 科研管理，2018，39（11）：79－87.

［247］王庆喜，胡志学. 长三角地区研发企业集聚与知识溢出强度——连续空间中的微观分析［J］. 地理科学，2018，38（11）：1828－1836.

［248］王秋玉，曾刚，吕国庆. 中国装备制造业产学研合作创新网络初探［J］. 地理学报，2016，71（2）：251－264.

［249］王秋玉，吕国庆，曾刚. 内生型产业集群创新网络的空间尺度分析——以山东省东营市石油装备制造业为例［J］. 经济地理，2015，35（6）：102－108.

［250］王维，李宏扬. 新一代信息技术企业技术资源、研发投入与并购创新绩效［J］. 管理学报，2019，16（3）：389－396.

［251］魏红芹，周成. 专利间知识流动与技术融合趋势研究［J］. 科技进步与对策，2018，35（22）：23－28.

［252］王文华，张卓，蔡瑞林. 开放式创新组织间协同管理影响知识协同效应研究［J］. 研究与发展管理，2018，30（5）：42－52.

[253] 王文华，张卓，蔡瑞林．开放式创新组织间协同管理影响知识协同效应研究［J］．研究与发展管理，2018，30（5）：38－48.

[254] 王兴娟，王坤勋，刘庆祥．燃料电池的研究进展及应用前景［J］．炼油与化工，2011，22（1）：6－10.

[255] 王永健，谢卫红，王田绘，等．强弱关系与突破式创新关系研究——吸收能力的中介作用和环境动态性的调节效应［J］．管理评论，2016，28（10）：111－122.

[256] 王志成，钱斌，张惠国，等．燃料电池与燃料电池汽车［M］．北京：科学出版社，2016.

[257] 文嫮，曾刚．全球价值链治理与地方产业网络升级研究——以上海浦东集成电路产业网络为例［J］．中国工业经济，2005（7）：20－27.

[258] 韦三水．国家竞争力竞的是“基础创新”［J］．决策探索，2012（12）：32－33.

[259] 吴建南，赵志华．目标设置至关重要吗？来自专利喜与忧的证据［J］．科学学研究，2018，36（9）：1594－1601.

[260] 吴金希，李宪振．地方政府在发展战略性新兴产业中的角色和作用［J］．科学学与科学技术管理，2012，33（8）：117－122.

[261] 吴宇晖，付淳宇．中国战略性新兴产业发展问题研究［J］．学术交流，2014（6）：93－97.

[262] 伍勇，魏泽龙．知识探索，资源整合方式与突破性创新［J］．科研管理，2017，38（12）：14－22.

[263] 谢光强．“十三五”战略新兴产业发展规划发布：燃料电池汽车或迎来机会［J］．电动自行车，2016（12）：11－12.

[264] 徐健，武伟．专利文献引证统计分析报告［R］．北京：国家知识产权局规划发展司、中国专利技术开发公司，2014.

[265] 薛捷，张振刚．外部知识整合能力对绿色企业竞争力的影响［J］．科学学与科学技术管理，2016，37（4）：106－116.

[266] 薛捷．区域创新系统的理论与实证研究进展综述［J］．科技管理研究，2009，29（1）：227－230.

[267] 颜银根，安虎森．演化经济地理：经济学与地理学之间的第二座桥梁［J］．地理科学进展，2013，32（5）：788－796.

[268] 杨菲．企业知识积累与企业创新关系研究［D］．西安：西北大学，2018.

[269] 杨伟，周青，方刚．产业联盟的组织复杂度、牵头单位类型与合作创新率［J］．科学学研究，2015，33（5）：713－722.

[270] 野中郁次郎，竹内弘高．知识创造的螺旋：知识管理理论与案例研究［M］．北京：知识产权出版社，2012.

[271] 姚惠泽，张梅．要素市场扭曲、对外直接投资与中国企业技术创新［J］．产业经济研究，2018（6）：22－35.

[272] 叶琴，曾刚．解析型与合成型产业创新网络特征比较——以中国生物医药、节能环保产业为例［J］．经济地理，2018，38（10）：142－154.

[273] 叶琴．解析型与合成型产业创新网络比较——以中国生物医药、节能环保产业为例［D］．上海：华东师范大学．2018.

[274] 于焱．产业创新系统中的协同演化理论研究［J］．现代经济探讨，2009（12）：35－39.

[275] 元利兴，宣国良．知识创造机理：认识论——本体论的观点［J］．科学管理研究，2002，20（6）：22－24.

[276] 岳鸿飞，徐颖，吴璘．技术创新方式选择与中国工业绿色转型的实证分析［J］．中国人口·资源与环境，2017，27（12）：199－209.

[277] 臧杰．新能源汽车［M］．北京：机械工业出版社，2013.

[278] 曾德明，周涛．企业知识基础结构与技术创新绩效关系研究——知识元素间关系维度新视角［J］．科学学与科学技术管理，2015，36（10）：80－88.

[279] 曾刚，王秋玉，曹贤忠．创新经济地理研究述评与展望［J］．经济地理，2018，38（4）：19－25.

[280] 曾海舰．房产价值与公司投融资变动——抵押担保渠道效应的中国经验证据［J］．管理世界，2012（5）：125－136.

[281] 张金柱．基于引用科学知识突变的突破性创新识别方法研究［D］．北京：中国科学院大学，2013.

[282] 张莉侠，吕国庆，贾磊．技术引进、技术吸收能力与创新绩效——基于上海农业企业的实证分析［J］．农业技术经济，2018（9）：80－87.

[283] 张天龙，任志强，路文婷．企业隐性知识显性化途径研究——基于

电网企业培训案例库开发 [J]. 价值工程, 2019, 38 (5): 27 -29.

[284] 张晓黎, 覃正. 知识基础与合作关系网络对核心技术创新绩效的影响 [J]. 华东经济管理, 2013, 27 (9): 120 -124.

[285] 张晓棠, 安立仁. 双元创新搜索、情境分离与创新绩效 [J]. 科学学研究, 2015, 33 (8): 1240 -1250.

[286] 张琰飞. 新兴技术产业联盟协同创新机制多案例研究 [J]. 山东社会科学, 2015 (6): 110 -116.

[287] 张艺, 许治, 朱桂龙. 协同创新的内涵、层次与框架 [J]. 科技进步与对策, 2018, 35 (18): 20 -28.

[288] 赵建吉. 全球技术网络及其对地方企业网络演化的影响 [D]. 上海: 华东师范大学, 2011.

[289] 赵莉, 胡逸群. FDI 技术溢出对制造业创新能力的影响——基于吸收能力的中介作用 [J]. 科技管理研究, 2018, 38 (18): 9 -15.

[290] 赵丽娟. 政府 R&D 投入、环境规制与农业科技创新效率 [J]. 科研管理, 2019, 40 (2): 76 -85.

[291] 赵伟. 中国对外贸易 40 年: 政策回顾与展望 [J]. 世界经济研究, 2019 (2): 29 -36.

[292] 郑长德. 新经济地理学的反思与展望 [J]. 上海财经大学学报, 2013, 15 (6): 48 -55.

[293] 钟苏梅, 易癸晓, 何婷, 等. 吸收能力、时间节奏和技术创新关系研究 [J]. 技术与创新管理, 2016, 37 (4): 357 -364.

[294] 周灿, 曾刚. 经济地理学视角下产业集群研究进展与展望 [J]. 经济地理, 2018, 38 (1): 11 -19.

[295] 周灿. 中国电子信息产业集群创新网络演化研究: 格局、路径、机理 [D]. 上海: 华东师范大学, 2018.

[296] 周琛. 企业知识管理创新体系研究 [D]. 长沙: 中南大学, 2004.

[297] 周长辉, 曹英慧. 组织的学习空间: 紧密度、知识面与创新单元的创新绩效 [J]. 管理世界, 2011 (4): 84 -97.

[298] 周开国, 卢允之, 杨海生. 融资约束、创新能力与企业协同创新 [J]. 经济研究, 2017, 52 (7): 96 -110.

[299] 朱贻文. 国际博览会对企业创新的影响研究——以上海工博会为

例［D］. 上海：华东师范大学，2017.

［300］庄涛，吴洪. 基于专利数据的我国官产学研三螺旋测度研究——兼论政府在产学研合作中的作用［J］. 管理世界，2013（8）：175－176.

［301］邹琳，曾刚，司月芳，等. 创新网络研究进展述评与展望［J］. 人文地理，2018，33（4）：7－12.

［302］邹琳. 区域知识网络演化研究——以长江经济带装备制造业为例［D］. 上海：华东师范大学，2018.

［303］邹坦永. 激进式科技进步的内涵与过程［J］. 技术经济与管理研究，2017（9）：42－46.